Rezar
é um santo remédio

Dr. Larry Dossey

Rezar é um santo remédio

COMO OBTER OS BENEFÍCIOS CURATIVOS DA ORAÇÃO

Tradução
EUCLIDES LUIZ CALLONI

EDITORA CULTRIX
São Paulo

Título do original:
Prayer is Good Medicine
How to Reap the Healing Benefits of Prayer

Edição	Ano
1-2-3-4-5-6-7-8-9	98-99-00

Direitos de tradução para o Brasil
adquiridos com exclusividade pela
EDITORA CULTRIX LTDA.
Rua Dr. Mário Vicente, 374 - 04270-000 - São Paulo, SP
Fone: 272-1399 - Fax: 272-4770
E-MAIL: pensamento@snet.com.br
http://www.pensamento-cultrix.com.br
que se reserva a propriedade literária desta tradução.

Impressão e acabamento: Paulus Gráfica

A todos os meus colegas da área da saúde
que têm a coragem de levar a oração
aos hospitais, às clínicas e aos laboratórios.

Sumário

TERCEIRA PARTE: O QUE É A ORAÇÃO?

QUARTA PARTE: COMO REZAR

Agradecimentos

Ofereço uma prece de agradecimento para as muitas pessoas que me incentivaram a tratar a questão da oração no âmbito da medicina.

Para Garry e Bet: Quem poderia saber que era tão profunda a influência de todas aquelas orações enquanto crescíamos em Prairie Point? Ou seria Prayer-y [Prece] Point?

Para minha mãe e meu pai, que mantiveram vivos meu irmão e a mim — dois gêmeos prematuros de novecentos gramas — com orações e com uma lareira acolhedora numa árida campina do Texas.

E para Barbara, minha mulher, resposta às minhas orações.

Dr. Larry Dossey
Santa Fé, Novo México

Nota do Autor

Ao longo deste livro, uso muitos termos para designar um Ser Supremo. De maneira geral, procurei escolher palavras neutras, como, por exemplo, *o Absoluto.*

Inclino-me a concordar com os mestres que afirmam que todos os nomes de Deus são insidiosos. Como todas as grandes tradições de sabedoria esotérica asseveram, "o Absoluto não pode ser mencionado nem cogitado". Simplesmente não existem imagens fidedignas do Todo-Poderoso. Segundo declara sabiamente o aforismo sufi, "Nenhum homem viu a Deus e depois sobreviveu".

No século XIV, um monge inglês de nome desconhecido que se supõe tenha sido o autor de *A Nuvem do Não-Saber*, um tratado religioso extraordinário com profunda influência sobre a vida religiosa da sua época, acrescentou seu lamento à futilidade de nos dirigirmos ao Universal e mesmo de pensar sobre ele. "Agora, porém, você me pergunta: 'Como eu poderia pensar em Deus e no que Ele é?' A isso só posso responder nestes termos: 'Não faço a menor idéia!' Pois, com essa pergunta, você me fez entrar nessa... nuvem do não-saber... Homem nenhum pode pensar em Deus na sua essência."

O grande místico alemão do século XIII, Meister Eckhart, observou: "Todo aquele que perceber algo em Deus e der a isso um nome, esse não é Deus. Deus é...inefável." E: "É da natureza de Deus não ter natureza."

Neste momento da história, em que passamos pelo tão necessário despertar intenso e necessário de valores que por muitos séculos estiveram relacionados com as mulheres, talvez seja importante salientar que o problema de dar um nome ao Absoluto não se resolve pela simples substituição de nomes e pronomes masculinos por femininos. *Deus e Deusa, ele* e *ela* malogram igualmente. O Absoluto está substancialmente além de qualquer descrição possível, inclusive a de gênero.

Com essas limitações em mente, você tem liberdade de usar, em todas os casos que se seguirem, o nome de sua preferência para o Absoluto: *Deusa, Deus, Alá, Krishna, Brama, o Tao, a Mente Universal, o Todo-Poderoso, Alfa e Ômega, o Ser Único...*

Rezar é um santo remédio

Se a penicilina já existisse em seu tempo, Jesus, Maomé e Buda provavelmente a teriam usado — juntamente com a oração.

Eu professo a crença de que podemos usar a oração em conjunto com os procedimentos médicos comuns. Assim, embora este livro apresente os motivos por que a oração é um bom remédio, não estou insinuando que ela seja o *único* remédio ou que se deva confiar *apenas* nela, dispensando-se outros medicamentos.

A oração não é "melhor" do que os remédios modernos. A oração, os medicamentos, a cirurgia — todos são uma bênção, uma graça, uma dádiva. Por que não usar todos, com reverência e gratidão?

Introdução

A oração está de volta.

Depois de ficar no banco de reservas durante quase todo este século, a oração está voltando ao campo na medicina moderna. Os médicos estão levando a oração para os seus consultórios, clínicas e hospitais e também para os laboratórios. As revistas médicas estão mais ansiosas do que nunca para publicar estudos sobre os efeitos terapêuticos da oração e da fé. Histórias envolvendo a oração, que são manchete em várias revistas de informação no país, e programas de entrevista fervilham com relatos que associam a cura à oração. Até o conservador *Wall Street Journal*, em sua seção "Marketplace", dedicou recentemente um artigo de fundo aos estudos científicos que estão sendo feitos atualmente sobre a oração.

A maioria dos leitores provavelmente diria: "Já era tempo!" Pesquisas recentes mostram que 75% dos pacientes acreditam que seus médicos deveriam abordar aspectos espirituais como parte de sua atividade profissional, e 50% querem que seus médicos rezem não apenas por eles, mas com eles. A impressão que tenho é que nós, médicos, estamos ouvindo esses apelos. Você pode ficar surpreso em saber que quase todos nós rezamos realmente pelos nossos pacientes. Em dezembro de 1995, na Escola de Medicina de Harvard, em Boston, uma das nossas melhores instituições médicas, foi realizada uma conferência intitulada "Espiritualidade e Cura na Medicina". Desde que comecei a elaborar este livro, aproximadamente um terço das faculdades de medicina nos Estados Unidos passou a oferecer cursos de medicina alternativa/complementar, muitos dos quais enfatizam questões espirituais nos tratamentos da saúde, inclusive a oração. Cinco escolas desenvolveram programas dedicados exclusivamente à pesquisa das relações entre fé e saúde.

Tudo fantasia? Muito difícil. "Estatisticamente, Deus é bom para você", diz David B. Larson, M.D., do Instituto Nacional para a Pesquisa dos Serviços de Saúde, de Rockville, Maryland, que estuda a relação entre espiritualidade e saúde. Larson, ex-pesquisador sênior no Instituto Nacional de Saúde Mental, afirma: "Meus professores da faculdade de medicina diziam que a religião é algo nocivo. Então, dei uma olhada nas pesquisas, e descobri que a religião, muito pelo contrário, é extremamente salutar. O hábito de freqüentar a igreja e de rezar regularmente traz benefícios comprovados no sentido de que previne a doença, mental e física, enquanto possibilita ao paciente relacionar-se com a enfermidade de uma maneira muito mais positiva. Uma avaliação atenta das pesquisas realizadas em várias áreas mostra que a religião é benéfica em 80% dos casos. Fiquei pasmado."

E eu também. Deparei com a pesquisa sobre a oração na década de 1980, quando alguém me enviou um trabalho científico relatando os testes feitos com a oração em um grande grupo de pacientes cardíacos num hospital moderno. Jamais me havia ocorrido que alguém, um dia, iria testar a oração como se fosse uma nova medicação — rezar por determinados pacientes e não por outros, que constituíam o grupo de "controle", e medir os resultados. Esse estudo indicava consistentemente que a oração a distância, ou oração de intercessão, tinha um efeito terapêutico.

Depois de superar meu assombro, eu me perguntei: Se a oração produz resultados, eu não deveria rezar pelos meus pacientes? Mas, naquela época, eu duvidava da oração, e um único estudo não era convincente. Necessitando de mais provas, iniciei minha própria pesquisa e descobri, para meu espanto ainda maior, que existem mais de 130 estudos científicos no campo da "cura", muitos dos quais envolvendo a oração. Mais da metade dessas experiências apresentam fortes indicações de que a oração é eficaz. Passei imediatamente a ver essas evidências como um dos segredos mais bem guardados da medicina moderna, e comecei a rezar ativamente por meus pacientes.

Minhas pesquisas sobre a oração e a cura resultaram na publicação, em 1993, do meu livro *Healing Words: The Power of Prayer and the Practice of Medicine.** Para minha grande satisfação, a enorme aceitação do livro me proporcionou a oportunidade de analisar a oração com um público mais variado — faculdades de medicina e hospitais, organizações de médicos e de enfermeiros, grupos de leigos e igrejas, institutos nacionais de Saúde, um Grupo de Trabalho Presidencial para a Reforma dos Serviços de Saúde, um setor do Parlamento Britânico e até o Pentágono.

Nesses debates, certas questões vieram à luz repetidamente. Eu sei que elas estão também na sua mente, porque muitas pessoas me remeteram centenas de cartas descrevendo suas experiências e crenças sobre a oração. Descobri que a grande maioria tem sua atenção voltada para quatro grandes áreas — as evidências científicas sobre a eficácia da oração, as controvérsias associadas às experiências com a oração, o que é a oração e como rezar. Organizei este livro em torno desses

---

* *As Palavras Curam: O Poder da Prece e a Prática da Medicina*, publicado pela Editora Cultrix, São Paulo, 1996.

quatro temas. As várias seções têm uma estrutura própria e podem ser lidas em qualquer ordem. Seja o seu próprio guia.

Escrevi este livro com a intenção de fazer dele uma conversa de coração a coração, não um tratado acadêmico ou erudito. Se você q pesquisar mais profundamente as questões científicas relacionadas com a oração, consulte *As Palavras Curam*; lá você encontra descrições e citações das experiências realizadas.

Espero que, ao ler este livro, você resista à tentação de assumir uma postura a favor da oração ou a favor da medicina, uma com a exclusão da outra. Como médico, usei medicamentos e procedimentos cirúrgicos porque sei que eles são eficazes, mas a oração também é. No meu modo de ver, não precisamos tomar decisões radicais com relação à oração e à medicina de alta tecnologia. Se você sofre de apendicite, o melhor a fazer é submeter-se a uma apendicectomia, pois esse é o tratamento mais eficaz encontrado pela humanidade para esse problema específico. Além da cirurgia, porém, por que não contar também com a oração? Já foi demonstrado que pensamentos piedosos, transmitidos a distância, aceleraram a cicatrização pós-cirúrgica; do mesmo modo, a fé religiosa tem relação com uma recuperação pós-cirúrgica mais rápida. Quando estamos doentes, devemos seguir o bom senso: usar o que produz bons resultados. Na maioria dos casos de doença há espaço *tanto* para a oração *como* para a medicina moderna.

Embora a ciência nos diga que a oração produz bons resultados, ela não nos pode dizer *como* ela produz esses resultados. Ao estudar a oração, a ciência é limitada e, portanto, jamais poderá incorporar a oração à sua prática, como algumas pessoas temem. Os mistérios sagrados permanecerão.

Escrevi este livro estimulado pela influência das orações de centenas de pessoas que rezaram por mim e por meu trabalho. Do fundo do coração, sou imensamente agradecido. Você me conservará sob essa influência?

Dr. Larry Dossey

Primeira Parte

As Evidências

Pôr à prova a eficácia da oração é um ato de devoção

O que você iria pensar se o seu médico, na sua próxima consulta, lhe dissesse, "Tome uma porção de remédios. Não ligue se eles combinam ou não, e não se preocupe em contá-los. Apenas tome-os, o mais freqüentemente possível, porque remédios curam." Mesmo acreditando nesse tipo de tratamento, você julgaria essa orientação irresponsável e perigosa. Existem muitos tipos de remédios — alguns são úteis, outros inúteis, e outros até prejudiciais. Alguns dispensam outros medicamentos; outros só fazem efeito quando combinados; há também os que são tóxicos ou fatais se tomados com outras medicações. Só um exame cuidadoso pode apontar esses efeitos e recomendar os remédios mais seguros e eficazes.

O mesmo se pode dizer com relação à oração. Existem diferentes tipos de oração, e as evidências indicam que esta, como os remédios, pode ter efeitos positivos, negativos ou neutros. Com base nas evidências, seria prudente afixar à oração uma advertência: "Pode ser prejudicial à sua saúde."

Uma das melhores maneiras de compreender as variantes da oração e de aprender a forma mais adequada de usá-la é examiná-la cuidadosamente em experiências científicas. A meu ver, todos deveriam se interessar por essas evidências, mesmo os que já acreditam na oração.

Algumas pessoas acreditam que a ciência é inimiga da fé e que a oração não deveria ser testada cientificamente, mas os cientistas também precisam de fé. Na realidade, às vezes penso que muitos cientistas têm mais fé do que algumas pessoas religiosas. Por exemplo, eles têm fé na regularidade e nos padrões do universo, na possibilidade do conhecimento, no fato de que a natureza revela *a si mesma*, se nos prepararmos e prepararmos as nossas experiências de modo adequado. Sem fé, a ciência não seria possível. A fé é um dos fundamentos da ciência, do mesmo modo que o é da oração.

Quando testamos a oração, não necessariamente investimos contra as portas do céu. Os estudos científicos da oração podem ficar totalmente livres da soberba e da arrogância. Eles podem ser exercícios respeitosos, sagrados, em que convidamos, e não intimamos, o Todo-Poderoso a se manifestar. Testar a oração pode ser verdadeiramente uma forma de devoção, um ritual através do qual expressamos nossa gratidão por esse fenômeno admirável.

Tenho um amigo cientista que faz experiências com a oração. Ele é um exemplo da abordagem respeitosa que proponho. "Para mim", disse-me ele certa vez, "realizar uma experiência para constatar a eficácia da oração é como oferecer um jantar elegante. Eu preparo o manjar mais apetitoso e ponho a mesa mais bela; em seguida, abro a porta principal e aguardo que alguém entre e sente-se à mesa. Se isso não acontecer, o jantar não foi atraente o bastante. A experiência com a oração é muito semelhante. Se eu preparar as condições da experiência de forma atraente, o Divino pode 'aparecer' e eu obterei resultados positivos. Caso contrário, terei mais trabalho na vez seguinte."

Teilhard de Chardin, um padre jesuíta e erudito, certa vez disse algo parecido: "A pesquisa é a forma mais elevada de devoção."

As experiências com a oração podem ajudar a superar a separação entre religião e ciência

Quase todos nós rezamos, e acreditamos que nossas orações são atendidas. Não precisamos esperar ansiosos pelos resultados do próximo estudo duplo-cego sobre a oração: já temos provas da eficácia da oração em nossa vida, e a vida é o nosso laboratório por excelência.

Ainda assim, não conseguimos esquivar-nos da influência da ciência em nosso dia-a-dia. A abordagem científica tomou conta de todos os aspectos da nossa existência. Antes de assumir uma postura com relação a um tema controvertido — o aquecimento da Terra, por exemplo, ou os tratamentos alternativos para o câncer — vemo-nos perguntando: "O que diz a ciência?"

Como quase tudo, a oração também está sendo investigada pela ciência. Alguns cientistas e médicos começam a reconhecer que a oração de súplica, quando rezamos por nós mesmos, tem efeitos positivos e benéficos, mas muitos acrescentam que isso se deve *unicamente* a fatores psicológicos como pensamento positivo, expectativa e auto-sugestão. Alguns desses mesmos cientistas acreditam que a oração de intercessão, ou oração a distância, não pode ser eficaz: a mente não tem condições de ir além de si mesma em direção ao outro, nem por sua livre e espontânea vontade nem através de um Ser Supremo, para fazer as coisas acontecerem a distância. Se acreditamos na oração a distância, dizem eles, enganamos a nós mesmos. Quando testada, porém, em experiências reais nas clínicas, hospitais e laboratórios, a oração a distância *produz* efetivamente um resultado — tanto em humanos como em não-humanos, mesmo quando o receptor da oração não sabe que alguém está rezando por ele.

Essas revelações são sumamente importantes para acabar com a separação dolorosa na vida moderna entre religião e ciência. Não precisamos compartimentar nossa vida, colocando nosso intelecto numa gaveta e nossa espiritualidade em outra. As evidências científicas que respaldam a oração podem ajudar a acabar com essa separação dolorosa para a psique moderna. É por isso que muitas pessoas, inclusive as que crêem, em geral recebem com satisfação as evidências científicas da eficácia da oração. Elas sentem que a atenção que a ciência dedica à oração, em vez de diminuir, lhes fortalece a fé.

Aceitar essas evidências não significa deixar a oração como refém da ciência. A oração não precisa da chancela de aprovação da ciência; mas se velhos inimigos podem fazer as pazes, deixemos que o façam, pois todos receberemos os benefícios espirituais da trégua.

O impacto das experiências com a oração sobre as crenças religiosas

A questão não é mais *saber se* as experiências provam a eficiência da oração; *elas já provaram isso.* As novas perguntas são: Quais são as conseqüências disso? Qual será o impacto das experiências científicas sobre a fé religiosa e a religião organizada?

Muitas pessoas e organizações estão se dedicando à análise da oração com a ajuda dos estudos científicos. Uma dessas organizações é a Spindrift, que ao longo de duas décadas desenvolveu numerosos testes experimentais mostrando os efeitos positivos da oração sobre sujeitos não-humanos. Antes de iniciar essas experiências em 1975, os pesquisadores da Spindrift dedicaram cinco anos à investigação dos aspectos éticos que o seu trabalho científico levantaria. "Os testes seriam uma forma de tentação ou uma dádiva amorosa de um Deus benevolente com o mundo moderno?", pergunta a ex-vice-presidente da Spindrift, Deborah Rose. É heresia "testar" Deus em laboratório? A abordagem experimental iria destruir a fé? Nenhuma outra organização encarou essas questões com tanta honestidade.

Em 1994, a organização recebeu uma carta de uma mulher de Topeka, Kansas, preocupada com a possibilidade de os testes da Spindrift resultarem na secularização da religião. Ela temia que a religião caísse nas mãos dos cientistas de laboratório, e não queria ver a beleza dos seus ensinamentos religiosos substituída por dados frios e rígidos.

Em resposta a preocupações como as dessa mulher, Rose reconhece que as pessoas freqüentemente acreditam que as experiências da Spindrift são tentativas de provar, instigar ou limitar Deus com tubos de ensaio; mas os testes não são realizados com esse intuito, ela acrescenta. "Não estamos armando uma arapuca para pegar Deus; estamos abrindo uma janela para observar Deus trabalhando."

Os pesquisadores da Spindrift não estão preocupados com a possibilidade de que suas experiências com a oração enfraqueçam a religião. Sua preocupação é não causar o efeito *oposto*. "[Sentimos] que nossos testes devolverão o poder à religião. Isso em si é muito perigoso. A igreja não tem usado o poder com sabedoria."

Os pesquisadores da Spindrift acham que vale a pena correr esses riscos. "Se queremos devolver ao mundo a capacidade de curar espiritualmente", afirma Rose, "precisamos preparar um espaço para ela. É como impedir que uma ave rara seja extinta. Precisamos fazer mais do que proteger a ave; precisamos proteger e expandir seu hábitat. Precisamos preparar um lugar no mundo para a cura espiritual. Os dados dos testes da Spindrift são uma forma de reivindicar um direito ao território."

Na visão de Rose, as experiências não ameaçam a oração. "Expressar a teologia com 'dados frios e rígidos' não substitui a Bíblia, os vitrais coloridos, os hinos, os testemunhos pessoais ou todas as belas expressões da religião na nossa sociedade. Antes, os fará florescer, porque destinará um espaço maior onde essas coisas possam se desenvolver. Haverá também novas expressões teológicas, novas expressões científicas computadorizadas. Alguns acharão tudo isso ofensivo. Outros... verão a coisa como sendo bela e significativa. Por que não ter os dois? Nem todos consideram os dados como frios ou impessoais. Na minha religião", afirma Rose, "um dos nomes para Deus é Princípio... No cerne dos dados [experimentais] eu vejo vislumbres do Princípio, ou Deus..."

Rose continua: "As provas esclarecem [antigas] questões teológicas. Podemos descobrir que estávamos errados com relação a muitas coisas. Quem decidia no passado o que era sagrado e quem era santo, o que era pecaminoso e quem era pecador? Às vezes isso era uma questão política... Aguardo com otimismo instrumentos, como os testes da Spindrift, que ajudem a tornar a religião menos manipuladora, menos secular e mais pura."

Rose teme também que as pessoas usem os testes para promover um único tipo de religião. "Com a prova científica da religião poderíamos perder a liberdade de religião, poderíamos perder toda a beleza e individualidade das diferentes tradições religiosas... Essa situação desalentadora não deve acontecer. As experiências mostram que seguidores de todas as tradições religiosas têm sucesso nos testes."

Um outro perigo das experiências é que as pessoas possam usá-los para inventar formas para prejudicar os outros. Diz Rose: "Esta pesquisa tornará o aspecto maléfico do poder mental mais óbvio e acessível às pessoas... É possível provocar a doença em alguém, e mesmo matá-lo, por meios mentais... A partir do momento em que os testes da Spindrift ou similares forem divulgados junto ao público, o tema do caráter maléfico do pensamento fatalmente virá à tona. Os que têm essa tendência aprenderão com mais facilidade o uso destrutivo do poder da mente."

Apesar das possíveis ciladas, os pesquisadores da Spindrift, depois de duas décadas de experiências com a oração, concluem que os benefícios dos testes são maiores do que os problemas. "Tudo o que faça a verdade vir à luz", observa Rose, "e nos ajude a ampliar a nossa compreensão acerca da natureza do universo em que vivemos, é uma bênção inevitável, por mais alto que seja o preço. A ignorância é o maior dos perigos."

Depois da publicação do meu livro *As Palavras Curam: O Poder da Prece e a Prática da Medicina*, descobri que muitas previsões de Rose eram verdadeiras. Grupos fundamentalistas de todo o país reagiram com afrontas, condenando as evidências científicas como "ocultas" e da "Nova Era", sem analisar se esses estudos eram ou não válidos. O principal motivo para os ressentimentos se deveria ao fato de que, como diz Rose, "As experiências mostram que seguidores de todas as tradições religiosas têm sucesso nos testes". Em outras palavras, as pesquisas deixam claro que nenhuma religião em particular detém o monopólio da oração. Isso contraria a crença de muitos fundamentalistas, segundo a qual o Todo-Poderoso está em sintonia principalmente, ou exclusivamente, com eles; que aqueles que não são "salvos" não têm condições de rezar de modo eficaz; e que a única oração verdadeira que as pessoas não pertencentes ao seu credo podem oferecer é a do pedido de misericórdia e perdão. Para toda pessoa que partilhe de crenças desse tipo, as experiências com a oração representam um grande conflito entre ciência e fé. Quando esses dois mundos entram em choque, geralmente a ciência é banida e o dogma é mantido.

Eu estou convencido de que as experiências com a oração não se opõem à espiritualidade verdadeira; elas são uma ameaça apenas à estreiteza mental e ao exclusivismo, espinha dorsal da intolerância religiosa. Não é o Absoluto que é ameaçado pelas evidências científicas que favorecem a oração, mas apenas nossa própria arrogância e orgulho e o *status* especial que algumas religiões reivindicam para si mesmas. As experiências com a oração nivelam o campo da piedade e da devoção, mostrando que a oração é um fenômeno universal que pertence a todas as crenças e credos e, portanto, ratificando a tolerância.

A compreensão científica da oração tem seus limites

A maioria das pessoas adeptas das principais religiões dos Estados Unidos é extremamente tolerante com relação a experiências com a oração. Elas almejam uma aproximação entre a ciência e a religião em que os vetores intelectual e emocional da psique humana possam unir-se de forma harmoniosa. Algumas vêem essas experiências como um avanço para a própria religião. Com Emerson, elas concordam que "a religião que tem medo da ciência desonra a Deus e comete suicídio". E concordam também com a antropóloga Margaret Mead, que disse: "Precisamos de um sistema religioso que tenha a ciência como ponto central, em que a oposição tradicional entre ciência e religião... possa novamente ser resolvida, mas em termos do futuro e não do passado."

Os que temem que a ciência se sobreponha à religião talvez não compreendam os limites da primeira. Quando fazemos um estudo científico da oração, podemos apenas mostrar que ela é eficaz, e não *como* e nem *por que* ela é eficaz. Isso significa que existe um limiar que a ciência não pode transpor. O diálogo a seguir, entre um professor de ciências e um aluno que estava sendo avaliado, ilustra esses limites:

Examinador: O que é eletricidade?

Aluno: Oh, senhor, tenho certeza de que aprendi o que é eletricidade — tenho certeza de que sabia — mas me esqueci.

Examinador: Que desgraça! Apenas dois seres sabiam o que é eletricidade — o Criador da Natureza e você. E agora um se esqueceu.

A ciência mais levanta questões sobre a oração do que resolve. Ela não pode medir o imensurável. Esse fato faz com que muitos aspectos da oração deixem de ser abordados e dá margem para que as várias religiões liguem os pontos do modo que desejarem.

Com toda a certeza, muitos cientistas não concordam com essa idéia. Por uma curiosa guinada da lógica, eles acreditam que a ciência refutou o Todo-Poderoso, embora o Absoluto esteja além de qualquer medição e, portanto, além da ciência; mas não devemos nos deixar levar por esse preconceito. Em vez disso, devemos nos voltar para uma visão que tem sido sustentada por cientistas conceituados, ou seja, de que *tanto* o poder *quanto* as limitações da ciência são reconhecidos. Uma expressão típica desse ponto de vista é o seguinte comentário feito pelo Prêmio Nobel de Física Erwin Schrödinger. As observações de Schrödinger podem servir de consolo para os que temem confundir ciência e oração:

> Não esperamos que as ciências naturais nos propiciem uma compreensão direta da natureza do espírito; não temos esperança de desvendá-la, por mais que aprendamos sobre a física e a química dos processos corporais com os quais constatamos a percepção e o pensamento objetivamente ligados; e não temos *medo* de que mesmo o conhecimento mais preciso do mecanismo desses processos e das leis pelas quais eles operam — um conhecimento cujo sujeito está e sempre estará no espírito — possa acorrentar o próprio espírito, isto é, possa coagir-nos a vê-lo como desprovido de liberdade, "determinado mecanica-

mente", com o argumento de que está ligado a um processo fisiológico determinado mecanicamente e sujeito às leis da natureza.

Max Planck, cujas descobertas prepararam o cenário para a revolução quântico-relativista na Física, via que a ciência e a religião estavam naturalmente entrelaçadas. Ele disse:

> Não é possível haver nenhuma oposição verdadeira entre religião e ciência, pois uma complementa a outra. Eu acredito que toda pessoa séria e ponderada compreende que cada elemento de natureza religiosa deve ser reconhecido e cultivado para que todos os poderes da alma humana atuem juntos em equilíbrio e harmonia perfeitos. De fato, não foi por acidente que os maiores pensadores de todos os tempos foram também almas profundamente religiosas, embora não demonstrassem esses sentimentos publicamente ... Cada avanço do conhecimento nos põe face a face com o mistério do nosso próprio ser.

A lista de grandes físicos que assumiram postura semelhante é extensa, incluindo gigantes como Einstein, Bohr, Heisenberg, Eddington, Jeans e outros. Suas visões foram reunidas num livro extraordinário, *Quantum Questions: The Mystical Writings of the World's Great Physicists*, do psicólogo transpessoal Ken Wilber.

Muitas vezes se ouve dizer que a ciência "refutou Deus", mas isso não é possível, como esses cientistas sabiam. A ciência lida apenas com o que pode medir com seus vários mecanismos de detecção — e os cientistas não têm um medidor para Deus. Algumas coisas estão além da ciência. Tudo o que conta não pode ser contado.

Todos os que querem proteger a oração da ciência e invalidar as experiênciass feitas com ela devem examinar seus próprios motivos. A primeira pergunta a ser feita — o que quase nunca acontece — é: O que os estudos mostram realmente? Eles são válidos? Se analisarmos com cuidado os dados e decidirmos que são verdadeiros, poderemos levantar outras questões. Por que somos tentados a rejeitar o fato experimental? Estamos procurando "proteger a oração", como se o Absoluto precisasse de nossa ajuda? Quais das nossas crenças religiosas estão sendo ameaçadas? Será que precisamos repensar algumas delas?

Um dos exemplos mais corajosos de promoção da união entre a religião e a ciência é dado por Sua Santidade o Dalai Lama. Diferentemente de muitos líderes religiosos, o Dalai Lama nutre grande simpatia pela ciência e sente uma enorme satisfação em trocar idéias com os cientistas. Certa vez lhe perguntaram qual seria a reação do Budismo se a doutrina budista entrasse em choque com fatos científicos sólidos. Se isso acontecer, respondeu, as próprias palavras do Buda deverão ser rejeitadas; mas acrescentou, com uma piscadela do olho, que não estava preocupado, pois ao longo dos tempos o Budismo sempre teve meios de se conduzir satisfatoriamente.

Os que têm medo das experiências com a oração podem ficar tranqüilos. A oração e o Todo-Poderoso não podem ser prejudicados pela ciência. Só os nossos preconceitos é que estão em perigo.

A oração não tem apenas um efeito placebo

Muitos acreditam que a oração não tem força própria. As pessoas se restabelecem depois de rezar, eles sustentam, simplesmente porque *esperam* que a oração dê resultado. Damos a isso o nome de "efeito placebo".

A palavra *placebo* deriva do latim e significa "Eu me agradarei". Um placebo é uma substância inofensiva, inócua — uma pílula de açúcar ou uma injeção de água — prescrita aos pacientes para agradá-los ou animá-los.

Os efeitos placebo são resultados que podem ser atribuídos à crença, à expectativa, à sugestão, ou ao "pensamento positivo". Em outras palavras, se o médico lhe der uma pílula placebo e você se sentir melhor depois de ingeri-la, essa melhora não se deve à pílula, mas aos seus pensamentos, emoções, crenças e assim por diante.

No caso da oração, não há dúvida de que as crenças da pessoa desempenham um papel importante: tanto na oração de súplica, em que a pessoa reza por si mesma, como na de intercessão, ou na oração a distância, *em que o receptor da oração sabe que alguém está rezando por ele,* o próprio fato de a pessoa acreditar na eficácia da oração pode produzir efeitos positivos; mas isso não significa que os resultados da oração nesses dois casos sejam devidos *apenas* a efeitos placebo.

Temos registro de inúmeras situações em que a oração a distância ou de intercessão produz resultados *sem o conhecimento* do receptor. Nesses casos, a eficácia da oração não pode ser atribuída totalmente aos efeitos placebo.

Nossa atitude com relação aos efeitos placebo deveria ser menos crítica, como, por exemplo, quando dizemos que algo é "apenas" um placebo. Os efeitos placebo são como uma quinta marcha num automóvel — capazes de elevar o desempenho de qualquer terapia. Deveríamos deixar de nos referir a esses efeitos como um aborrecimento, como os médicos em geral fazem; os efeitos placebo não apenas interferem com os medicamentos "reais". Deveríamos ser gratos pelo fato de o poder da expectativa, da sugestão e do pensamento positivo se somarem ao poder da oração.

Os efeitos placebo são uma dádiva. Por que recusá-los?

A oração não precisa ter destinatário

Algumas décadas atrás, era popular no sul dos Estados Unidos uma canção intitulada "The Royal Telephone". Apesar do seu tema evangélico, a canção era alegre. As linhas de Deus estão sempre desocupadas, dizia a letra, e nós podemos ligar para ele quando quisermos. Hoje, as imagens associadas à oração que empregam telefones pretos e painéis de ligação desengonçados parecem extravagantes e obsoletas e estão sendo rapidamente substituídas por representações mais modernas. Atualmente, a tendência mais forte é ver "Deus como um satélite de comunicações". Nós transmitimos nossas orações para cima — para cima, para cima, sempre para cima — e, se aprovadas, ele retransmite a solicitação para atender à finalidade pretendida. Existem outras imagens populares. Recentemente deparei com um cartum em que um menino segurava uma folha de papel e dizia para a mãe: "Eu escrevi uma oração. Será que Deus tem *fax*?"

Num antigo conto budista, vários monges estão velando seu velho mestre, falecido naquele dia. Surge uma pergunta: "Para onde foi a alma do mestre?". O debate se arrasta por horas, mas eles não chegam a um acordo. O monge escolhido pelo falecido para sucedê-lo se irrita com a discussão e finalmente pergunta: "Por que é necessário que sua alma vá para algum lugar?"

Por que presumimos que é preciso que a oração tenha um destinatário? A oração é uma coisa? Ela precisa viajar?

Nossas imagens de oração sugerem que ela deva ser um tipo de mensagem física — uma carta, por exemplo — que precisa ter um destino específico. Nossas orações são como chamadas telefônicas e sinais de televisão transmitidos através de cabos de fibra ótica ou de satélites orbitais e de estações de retransmissão. Dizer que as orações precisam ser enviadas a Deus implica a idéia de que Deus é um ser que está localizado em algum lugar distante.

As descobertas feitas pelos estudos científicos da oração não confirmam essa imagem da oração como uma mensagem física enviada a um Deus que reside a uma certa distância. Num estudo feito pelo cardiologista Randolph Byrd, envolvendo 393 pacientes da unidade de tratamento coronário do Hospital Geral de São Francisco, pediu-se que grupos de oração de várias partes dos Estados Unidos rezassem pelas pessoas doentes reunidas num grupo de "tratamento"; ninguém rezava pelas que formavam o grupo de controle. Com exceção das orações, todos os pacientes receberam o mesmo tratamento de alta tecnologia. Sendo um estudo duplo-cego, nem pacientes, nem médicos, nem enfermeiras sabiam a quem eram dirigidas ou não as orações. Byrd descobriu que os exames feitos nos pacientes receptores das orações apresentaram resultados significativamente mais positivos. A distância *não* foi um fator decisivo para a eficácia da oração. As orações das pessoas residentes no outro lado do país se mostraram tão eficazes como as orações dos grupos próximos ao hospital.

Outros estudos compararam a capacidade que as pessoas têm de influenciar os índices de crescimento de organismos numa área próxima (1 metro e meio) e a distância (25 quilômetros). Novamente, a distância não foi um obstáculo; a curta ou longa distância, a força da influência foi a mesma.

O exame das experiências relacionadas com a cura espiritual nunca detectou nenhum tipo de energia fluindo entre o agente de cura e o paciente. Isso implica que nada de *físico* é transmitido da pessoa que reza para o objeto da oração. Além disso, esses estudos mostram consistentemente que a oração é tão eficaz a longas distâncias como a poucos metros. Se algum tipo de energia física fosse enviado, a oração seria mais eficaz a curta distância, porque esse tipo de energia enfraquece ao cruzar o espaço. E também não é possível proteger ou bloquear os efeitos da oração, o que não seria o caso se algum tipo de energia fosse enviado do agente de cura ao paciente. As experiências feitas com a cura por meio da oração oferecem um quadro muito nítido: a oração não é nenhuma forma de energia convencional que é "enviada" ou "recebida".

Para quem insiste na idéia de que oração é o mesmo que energia, a impressão é que a oração não produz resultados — se não há energia, não há efeito. Mas a oração *produz resultados*. São nossas idéias acerca da oração que são inadequadas. Quando tivermos a coragem de aceitar o Absoluto *como* Absoluto, não exigiremos idéias mundanas acerca da oração. Compreenderemos que a oração, como a alma do falecido mestre, não precisa ir a lugar nenhum.

Embora os cientistas atualmente não possam explicar como a oração atua a distância, estão sendo feitos estudos em certas áreas que poderão algum dia elucidar sua forma de atuar.

Na física quântica, que trata das dimensões mais diminutas do mundo físico, várias experiências realizadas nas duas últimas décadas revelaram a existência do que se convencionou chamar de eventos *não-locais*. Em linhas gerais, se duas partículas subatômicas que estiveram em contato se separarem, a mudança sofrida por uma provocará uma alteração também na outra, no mesmo instante e no mesmo grau, sendo irrelevante a distância que possa haver entre ambas. Diz-se que esses acontecimentos distantes são *não-locais*.

Os acontecimentos não-locais têm três características em comum: eles são *não-mediados* (as mudanças a distância não dependem da transmissão de energia nem de nenhum tipo de sinal energético); eles são *não-atenuados* (a força das mudanças não enfraquece com o aumento da distância); e são *imediatos* (as mudanças a distância acontecem simultaneamente).

A questão mais intrigante é: Como poderia uma das partículas saber instantaneamente da mudança ocorrida em sua parceira distante? Como poderiam as duas permanecer em sincronia instantânea? Se as partículas mudam simultaneamente a despeito da distância que há entre elas, isso indica que elas não estão separadas realmente, mas são, em certo sentido, uma única partícula ou de "uma única mente". Surpreendente? Sim, até para os físicos.

O Prêmio Nobel de Física, Brian Josephson, do Laboratório Cavendish da Universidade de Cambridge, sugere que esses fenômenos *quânticos* não-locais podem estar por trás de muitos fatos que ocorrem a distância — por exemplo, tipos de percepção extra-sensorial como clarividência e telepatia.

Poderia a oração de intercessão, a distância, ser também explicada por fenômenos quânticos subjacentes? Nenhuma forma específica de energia foi identificada em sua "transmissão". E uma vez que ela se mostra tão eficaz a distâncias globais como ao lado da cama, aparentemente a distância não é um fator limitante. A oração de intercessão, portanto, apresenta uma forte semelhança com os acontecimentos não-locais estudados pelos físicos.

As "explicações" para a oração de intercessão baseadas na

física quântica, porém, têm uma grande limitação. Dizer que a oração a distância pode estar fundamentada em ligações quânticas não-locais é simplesmente substituir um mistério por outro. Os físicos não sabem realmente *como* os acontecimentos quânticos não-locais acontecem; eles apenas sabem *que* acontecem. Isso nos lembra um antigo ditado: "Os físicos jamais compreendem realmente uma nova teoria; apenas se acostumam com ela."

Hoje, o termo *quantum* é usado para descrever tudo o que se possa imaginar; sem dúvida, em pouco tempo ouviremos falar em "oração quântica". Isso reflete uma certa inveja que algumas pessoas de nossa cultura sentem pela física. Segundo o filósofo Stephen E. Braude, da Universidade de Maryland, esse seria um modo de pensar fundamentado no mote "o pequeno é bonito" — a crença de que se podemos relacionar alguma coisa com a esfera subatômica invisível, de algum modo ela é mais respeitável. No nível quântico, porém, o mistério não se dissipa; pelo contrário, ele se aprofunda. O *quantum* oferece a ilusão da compreensão. O *quantum* não explica o "como".

Existem outras hipóteses para explicar a eficácia da oração. Alguns pesquisadores da área da parapsicologia têm afirmado que a oração a distância é "apenas" um exemplo de psicocinese, ou domínio da mente sobre a matéria, mas como isso funciona? Outros têm sugerido que, na oração de intercessão a grandes distâncias, ocorre um intercâmbio de *informações*, e não de energia. Talvez. Mas, novamente, isso parece substituir um dado desconhecido por outro.

Provavelmente não saberemos como a oração a distância funciona até que compreendamos como a consciência funciona, porque o amor, a empatia e a dedicação profunda parecem catalisar ou preparar o ambiente para os efeitos da oração. A busca de uma explicação para a oração a distância é realmente uma busca da compreensão dos caminhos da mente.

À luz da nossa atual ignorância científica sobre o funcionamento da oração a distância, os que querem acreditar que "Deus é que faz isso" devem conservar essa postura. Essa explicação é tão boa como todas as outras, e bem melhor do que a maioria.

Segunda Parte

A Controvérsia

Avaliação da crítica de que a "oração mata"

Os céticos não se cansam de atribuir as piores características à oração. Uma de suas críticas mais comuns é que os proponentes da oração levam as pessoas a não usar terapias "de verdade", como remédios e procedimentos cirúrgicos. Os que defendem a oração estão, portanto, causando a morte das pessoas. Esse é o argumento para se dizer que a oração equivale a um homicídio.

A oração mata? Comparada com o quê? Qualquer resposta que dermos deve levar em consideração as estatísticas da medicina convencional. Todos os anos, quase dois milhões de indivíduos que se internam nos hospitais dos Estados Unidos contraem infecção hospitalar. Desses, oitenta mil morrem. Isso equivale a um acidente aéreo de grandes proporções todos os dias, mais mortes do que as ocorridas na Guerra da Coréia ou na Guerra do Vietnã, mais de quatro vezes o número de mortos em acidentes de carro todos os anos, ou, ainda, mais da metade dos que morreram de AIDS nos Estados Unidos. Em muitos hospitais, mais de um terço de todas as internações em unidades de terapia intensiva se devem a causas iatrogênicas, ou seja, problemas causados pelos médicos, pelos tratamentos cirúrgicos e pelos remédios que empregamos. Em qualquer outra esfera da vida moderna, essa situação se tornaria um escândalo nacional. Esses dados não decorrem de um excesso de acusações contra os médicos ou de uma crítica ao "sistema"; são dados simplesmente. O fato é: caso se fizesse uma comparação entre a oração e a medicina moderna, com um levantamento das mortes diretamente atribuídas a cada uma delas, não haveria necessidade de prorrogações, de tempos suplementares ou de *tie-breakers*. A medicina moderna sempre venceria o grande prêmio da morte com uma grande vantagem.

O *Physicians' Desk Reference* — o venerável PDR — é o guia da profissão médica para a prescrição de medicamentos, e tem sido publicado anualmente durante meio século. A 49ª edição, que corresponde a 1995, chega a quase três mil páginas e pesa vários quilos. Uma porcentagem considerável desse peso é dedicada a "Advertências", "Contra-indicações", "Precauções" e "Reações Adversas" para cada medicamento. Os efeitos colaterais podem ser triviais — uma erupção na pele ou náusea — ou fatais. Algum dia, a oração poderá acabar numa espécie de PDR que descreva seus riscos. Se isso acontecer, será inconcebível atribuir-lhe tantos efeitos colaterais quantos os imputados aos tratamentos usados atualmente.

Durante anos, os críticos desferiram os mesmos ataques contra a oração e contra as terapias alternativas para o câncer, e classificaram essas duas abordagens como fraudulentas. Eles afirmam que ambas matam porque afastam as pessoas dos métodos testados e comprovados da quimioterapia, da cirurgia e da irradiação. Os terapeutas alternativos, dizem os críticos, induzem pessoas de pouca instrução, pobres, desprivilegiadas, ingênuas, desesperadas e confusas. Os fatos mostram o contrário. As pesquisas têm comprovado reiteradamente que as pessoas que optam por terapias alternativas geralmente são *mais* instruídas e desfrutam de melhores condições. E quando as pessoas se decidem por terapias alternativas, em geral elas *não* abandonam os tratamentos convencionais, mas os fazem em conjunto com os alternativos. Além disso, as pessoas normalmente não acreditam que, entre a oração e a medicina convencional, devam optar por uma em detrimento da outra; quando gravemente doentes, geralmente adotam as duas.

Os fatos mostram que os americanos não começam a rezar de uma hora para outra, só quando adoecem. A maioria já rezava quando a doença sobreveio. As pesquisas revelam repetidas vezes que a grande maioria — mais de 90% das mulheres e de 80% dos homens — reza regularmente. As pessoas, portanto, não se voltam para a oração repentina e inesperadamente, como um substituto para a medicina convencional; a grande maioria tem o hábito de rezar.

A oração mata? Vejamos como essa questão se aplica a uma droga como a penicilina. Mesmo quando pessoas muito alérgicas a ela morrem depois de usá-la, os médicos não dizem que "a penicilina matou", mas que o paciente "reagiu mal" à substância. A medicação não tem culpa; foi o corpo que se comportou mal. Se aplicássemos o mesmo raciocínio, jamais diríamos que a oração matou alguém. Se alguém expirasse depois de confiar totalmente na oração, seu corpo é que teria reagido adversamente. Minha parvoíce é intencional. Eu só quero mostrar que devemos usar de simetria crítica, e não de um padrão dúplice em todas as terapias — remédios, cirurgia, oração e tudo o mais.

Celebremos a diversidade da oração

Nunca vou esquecer a experiência que tive num programa de rádio depois da publicação de *As Palavras Curam: O Poder da Prece e a Prática da Medicina*. A apresentadora do programa era uma mulher profundamente religiosa, que queria falar sobre a universalidade da oração. Falamos sobre os estudos de laboratório que mostram que as orações de uma grande variedade de religiões são atendidas, e comentamos sobre as implicações ecumênicas dessas descobertas. Em seguida, ela convidou os ouvintes a ligarem para o programa, e as linhas telefônicas imediatamente ficaram congestionadas. Os que ligavam estavam furiosos. Como ousávamos afirmar que as orações dos não-cristãos são atendidas! Devia haver alguma coisa errada com as experiências! Se as orações dos descrentes são respondidas, a oração não é "real" mas é a ação de Satã disfarçado. A apresentadora encolheu-se; nunca o seu programa havia provocado uma reação tão adversa.

Eu me lembrei de um incidente muito significativo que aconteceu quando uma determinada equipe de pesquisa realizava experiências com a oração. Sem que os integrantes da equipe soubessem, um grupo religioso das proximidades rezava com todo o fervor para que as experiências fracassassem. Havia uma certa ironia nessa tentativa de sabotar as experiências. Se realmente acreditava que as atividades dos pesquisadores eram blasfemas e ineficazes, por que o grupo religioso achou preciso sabotá-las? Era como se esses "vigilantes da oração" soubessem que todos os diferentes tipos de oração de fato *são* atendidos e não quisessem que esse fato fosse demonstrado cientificamente.

Os agnósticos podem rezar? Isso levanta uma questão: a oração requer a crença num deus pessoal? Os budistas, que rezam avidamente, pertencem a uma religião não-teísta. Eles não dirigem suas orações a um deus pessoal, mas ao Universo. O Budismo nos lembra de que não precisamos ter a imagem de um deus pessoal para rezar.

Meu amigo Michael é um agnóstico que reza "caso alguém esteja ouvindo". Ele diz que quer conhecer todos os seus pontos fracos e estar preparado para defendê-los. Ele dirige suas orações "a quem interessar possa". Michael é um dos milhares de agnósticos em nossa sociedade que rezam, um fato confirmado pelas pesquisas que avaliam os hábitos religiosos dos americanos.

Muitos agnósticos, como Michael, são profundamente espiritualistas. Freqüentemente, eles têm certo senso de ordem universal, de beleza e de majestade que simplesmente não se coaduna com a imagem de um deus pessoal. Quando rezam, às vezes eles se sentem uma coisa só com "tudo o que existe", uma experiência que pode chegar a ser muito profunda. Essa convicção de uma unidade subjacente está no âmago das tradições místicas de todas as grandes religiões. Seguramente, não diremos que essas pessoas com tendências místicas não rezam apenas porque suas crenças sobre a natureza do Ser Último não coincidem com as nossas.

Para mim, "agnósticos místicos" como Michael são buscadores sinceros da verdade, que atingem níveis profundos de compreensão sem as imagens religiosas que fazem a maioria das pessoas sentir-se mais confortada. Sua estética espiritual é espartana e parcimoniosa comparada com a norma, e sua coragem por vezes é muito grande. Os agnósticos rezam, às vezes com devoção. Eles podem nos ensinar muita coisa sobre a tolerância religiosa, se soubermos ouvir.

Em nosso íntimo, quase todos sabemos que é profundamente errado julgar outros seres humanos por causa do modo como rezam. Temos vergonha das guerras religiosas em que homens, mulheres e crianças inocentes são torturados e assassinados em nome do único caminho verdadeiro. Por que é tão difícil respeitar essa voz interior? Por que somos tão intolerantes com as Pessoas Diferentes de Nós?

Milhões de pessoas em todo o mundo falam inglês, mas com sotaques maravilhosamente variados. Não podemos considerar também a oração, com suas muitas inflexões, uma língua comum e universal? Não podemos nos deliciar com nossas diferenças e celebrar nossa diversidade?

É um erro criticar a religião como o único reservatório do fundamentalismo em nossa sociedade. Podemos deparar com as crenças fundamentalistas em todas as áreas, inclusive na ciência. Existem sempre cientistas que acreditam saber — de antemão — como o universo deve se comportar, sem a necessidade de fazer experiências. Pessoas com essa convicção muitas vezes condenam as evidências da oração sem ouvir imparcialmente ou mesmo sem ouvir nada. Isso resultou num fenômeno extraordinário, um fenômeno que jamais esperei testemunhar: zelotes religiosos e cientistas dogmáticos no mesmo lado da mesa, aliados numa causa comum.

Talvez haja uma forma que possibilite aos fundamentalistas religiosos manter sua reputação e ao mesmo tempo respeitar as evidências científicas da oração. O *amor* e a *compaixão* com que temperamos a oração são extremamente importantes. Os estudos científicos revelam que se esses ingredientes não estão presentes, a oração tem pouco ou nenhum efeito. Considerando-se que, para os cristãos, "Deus é amor", toda oração rezada com amor contará com a presença de Deus. Os cristãos podem então conservar a crença de que Deus está sempre presente na oração, mesmo nas orações dos agnósticos e dos não-teístas como na dos budistas.

Assim, a ciência mostra que a oração não é monopólio exclusivo de nenhuma religião em particular, mas pertence a uma unidade de todas as religiões, classes e credos. A ciência universaliza e democratiza a oração. Ela é uma declaração de tolerância religiosa. Pessoalmente acredito que essa é uma das maiores dádivas da pesquisa sobre a oração.

A oração e a falsa esperança

Muitas pessoas acreditam que é uma falácia dizer que a oração cura, uma vez que todos acabamos morrendo. Elas argumentariam que a oração é apenas uma falsa esperança.

Falsa esperança é um conceito controverso. Algumas pessoas acham que a esperança não pode ser falsa, pois sempre há a possibilidade de que as coisas acabem melhor do que o previsto; além disso, se confiamos efetivamente em chegar a um termo favorável, podemos predispor as oportunidades a nosso favor. Outras, inclusive muitos médicos, discordam. Diriam que sugerir a alguém com câncer metastático no pâncreas que a oração poderia curá-lo é antiético. É enganoso e cruel insinuar um resultado positivo quando as estatísticas indicam que isso é extremamente improvável.

A esperança, porém, está sempre presente em qualquer questão de saúde. Ao ministrar uma droga contra o câncer num caso "sem esperança" ou ao realizar uma operação com grandes probabilidades de fracasso, o médico espera um resultado positivo. Se os médicos não tivessem esperanças, nunca agiriam. Por que então se aceita que os médicos tenham a esperança em situações desesperadas, e ao mesmo tempo se nega que os pacientes também possam ter?

Os médicos podem ficar presos nessa teia com facilidade. É ótimo esperar que a cirurgia traga os resultados esperados, mesmo diante de perspectivas sombrias, mas é péssimo esperar um efeito positivo da oração. A confiança na oração se transforma em uma "falsa esperança", enquanto a confiança nas drogas e na cirurgia continua sendo uma "esperança verdadeira". Nesse caso, não se trata de esperança, mas de crença, porque o que o médico realmente diz é que ele acredita nos remédios e na cirurgia, e não na oração.

Mas em que se baseiam essas crenças? Descobri que quase todos os médicos que menosprezam a falsa esperança e a oração geralmente têm pouca informação sobre as evidências científicas da eficácia da oração. Contrariando os dados, eles acham que a crença na oração é uma mera questão de fé. Não é de surpreender, portanto, o amplo descrédito da oração junto à medicina moderna como representante da falsa esperança.

Em qualquer situação, por que não podemos orientar nossa fé e esperança para *ambos* os métodos? Não contrapomos remédios e cirurgia ou cirurgia e irradiação, tachando-os de antitéticos. Por que contrapor um determinado método à oração? A confiança em métodos ortodoxos *e também* na oração possibilita um índice maior de resultados positivos do que o uso de uns ou de outra individualmente. Como um paciente me escreveu sucintamente: "A escolha de um tratamento para o câncer não me exigiu maiores esforços. A quimioterapia funciona. A oração funciona. Um não interfere com o outro. Eu optei pelos dois."

A preocupação de alguns médicos é com a possibilidade de a oração criar uma esperança falsa tão grande, que leve as pessoas a deixar de lado os remédios importantes e os procedimentos cirúrgicos. Certamente podem-se encontrar casos, esporádicos, de pessoas que tentem solucionar os problemas somente com a oração, casos em que o resultado derradeiro é a morte; sem dúvida, porém, há muito exagero a esse respeito. Precisamos confrontar esses casos com as situações em que a oração tem relação com a cura ou em que ela atua sinergicamente com métodos ortodoxos. Infelizmente, os que rejeitam a oração raramente fazem isso. Também precisamos admitir aqueles casos em que o quadro médico tira ou diminui a esperança das pessoas, causando com isso a morte. Esses casos são numerosos. Eles mostram que a esperança pode manter a vida; por outro lado, a falta de esperança pode matar.

Muitos críticos acreditam que a oração cria a falsa esperança porque ela não é eficaz o tempo todo, o que para mim é um ponto de vista extremamente esquisito. A medicina moderna não conhece nenhuma terapia que seja absolutamente eficaz; todas apresentam um grau maior ou menor de insucesso. Além disso, nunca se pode prever se uma terapia terá êxito ou não; nós a fazemos e observamos o que acontece. Nesse aspecto, a oração não é diferente dos remédios e da cirurgia. Às vezes, a oração tem êxito, às vezes, não; nunca se pode saber de antemão. Uma vez, porém, que estudos controlados mostram estatisticamente que a oração exerce um efeito positivo sobre a saúde de organismos vivos diversificados, por que não usá-la? Por que enterrar a oração no túmulo da falsa esperança?

Há muito tempo alimento a suspeita de que muitos dos críticos que condenam a oração como uma falsa esperança são levados a isso por motivos pessoais que não se sentem à vontade para expressar ou dos quais nem têm consciência. Talvez eles tenham passado, cedo na vida, por experiências decepcionantes com a oração, o que é muito comum. Com freqüência, essas experiências dão origem a uma antipatia contra a religião em geral. Essas atitudes são compreensíveis, mas não condizem com um médico de orientação científica.

Para resolver se a oração representa ou não uma falsa esperança, é preciso ter em mente os seguintes fatos:

- *A oração é eficaz.* Mais de 130 estudos de laboratório mostram, em geral, que a oração ou um sentimento piedoso de compaixão, de empatia e de amor podem produzir mudanças salutares em muitas espécies de seres vivos, desde seres humanos até bactérias. Isso não significa que a oração seja eficaz *sempre*, do mesmo modo que os remédios e a cirurgia não produzem bons resultados sempre; significa que, estatisticamente falando, a oração é eficaz.
- *A esperança cura.* A fé ajuda a mobilizar as defesas da pessoa e favorece a recuperação; e o otimismo geralmente leva a resultados positivos. Centenas de casos e de estudos científicos confirmam essa observação. Para apresentar apenas um exemplo recente, o psiquiatra Thomas Oxman e seus colegas da Faculdade de Medicina de Dartmouth pesquisaram o papel que o "sentimento e a prática religiosos" poderiam desempenhar em 232 pacientes com idade acima de 55 anos que se submeteriam a uma cirurgia no coração. Sua descoberta: os que conseguem por meio da religião pelo menos certa força e consolo — esperança! têm chances maiores de sobreviver por mais tempo depois da cirurgia no coração do que aqueles que não contam com esse recurso.
- *A falta de esperança mata.* Numerosos estudos com seres humanos mostram que podemos morrer em conseqüência de crenças funestas e de uma sensação avassaladora de futilidade.

Existe um espectro da esperança. Numa das extremidades, a esperança *pode* ser falsa — por exemplo, o prognóstico exageradamente otimista e fantasioso de que a vítima de um ataque cardíaco estará fora da cama no dia seguinte, ou de que um portador de câncer dançará um samba ao entardecer. Na outra extremidade estão os prognósticos sombrios de morte que contradizem a situação real. (Os médicos chamam essas previsões catastróficas de "crepe pendente", como no antigo costume de pendurar um crepe preto num funeral.) Nenhuma das alternativas é apropriada; provavelmente, ambas são contrárias à ética. A melhor posição é a que se situa em algum ponto intermediário.

Mas onde? A qual extremidade do espectro daremos ênfase ao lidar com pessoas doentes? Mesmo que procuremos nos manter neutros, o doente *sente* a esperança ou a negatividade no nosso comportamento, palavras e atitudes. Não há fórmulas a seguir. Ao lidar com a doença, cada pessoa, cada médico deve encontrar o ponto onde se posicionar no espectro da esperança.

Felizmente, o "problema da esperança" é mais um problema para os médicos do que para os pacientes. Na minha carreira como médico, ouvi muitas queixas sobre a "falsa esperança", mas todas foram feitas por médicos, nenhuma por pacientes. Quando está doente, a maioria das pessoas tem condições de efetuar uma avaliação razoavelmente precisa da sua situação. De algum modo elas parecem saber o que as espera, e é pouco provável que sejam tomadas por um otimismo infundado ou pela falsa esperança. Seu "detector de asneiras" (uma expressão que ouvi pela primeira vez do psicólogo e teólogo Sam Keen) em geral funciona bastante bem.

Muitas vezes os parentes e amigos de pessoas doentes e agonizantes me perguntaram como deviam se comportar ao visitar a pessoa querida no hospital. Deveriam deixar claro que têm esperança? Deveriam mostrar-se joviais? Na maioria das vezes, as palavras não importam. A pessoa doente precisa de amor, não de conversa. Assim, recomendo aos que se afligem com a falsa esperança: não se preocupem. Se lhes for difícil demonstrar esperança, no lugar dela ofereçam amor. Ninguém se preocupa com o "falso amor". O amor, assim como a esperança, também cura. Ele é o próprio fundamento da oração. Se combinarmos esperança com amor, o "problema da falsa esperança" estará solucionado.

Rezar pelos outros sem o consentimento deles

Julgamos não precisar de autorização para *amar* outra pessoa. Sendo nossas orações motivadas pela compaixão e pelo amor, será que não podemos rezar pelos outros sem o consentimento deles?

Consideramos alguns tipos de comportamento humano isentos de censura: prover alimento e abrigo, resgatar alguém em perigo, ajudar os doentes e os moribundos. Semelhante a tudo isso é oferecer uma oração amorosa.

Descobri, entretanto, que existem algumas pessoas que se opõem inflexivelmente à oração. Um conhecido meu com essas características é um homem extraordinariamente brilhante, que valoriza a capacidade intelectual acima de tudo. Ele acredita que a nossa missão mais nobre na vida é aplicar o poder da razão aos problemas que enfrentamos e viver o mais corajosamente possível. Ele desdenha o que chama de falsos consolos da religião. Está convencido de que a oração é inútil e pusilânime, uma recusa de encarar francamente os problemas. No fim de tudo, ele insiste, precisamos salvar a nós mesmos; nenhum deus imaginário fará isso por nós. Quando esse meu conhecido descobriu que uma amiga estava rezando por ele, ficou furioso e discutiu asperamente com ela. A oração, acusou, é uma forma condescendente e arrogante de impor a própria visão sobre o outro. Como *ousava* sua amiga presumir que sabia o que era melhor para ele? E acabou mandando a amiga reservar as orações para si mesma.

Protestos como esse contêm uma ironia curiosa. Se a pessoa que é contra a oração acredita realmente que ela é ineficiente, por que incomodar-se com a possibilidade de ela interferir na sua vida? Irônicas ou não, as preocupações dos que não querem que se reze por eles levantam a questão do consentimento. Como devemos proceder nessa área tão delicada?

Dois fatores influenciaram o meu modo de pensar sobre a questão do consentimento. Um, já mencionado, é o amor. O outro é a urgência.

Imagine que você esteja passando férias com sua família no Grand Canyon. Você está perto à beira, extasiado com a grandiosidade de paisagens sem fim. Subitamente, você percebe que seu amigo mais querido atravessa a grade de proteção e caminha despreocupado e alegre na direção de um precipício de três mil metros. Nessa situação você empregaria toda a sua agilidade para segurar seu amigo e livrá-lo do perigo. Você nem sequer pensaria em parar para pedir a permissão dele.

Muitas situações que envolvem a oração são igualmente urgentes — a pessoa amada que acabou de se envolver num acidente de carro, o cônjuge que está tendo um ataque cardíaco. Rezar pelos outros nessas circunstâncias é uma ação reflexa, imediata. Rezamos sem refletir e não nos preocupamos com o consentimento. Mas a maioria das situações que precisam de oração não são momentâneas: o amigo com diagnóstico de câncer, uma guerra prolongada, a pobreza nos centros de nossas cidades. Se a situação se estende no tempo, a ética da oração é diferente?

Em situações duvidosas, em que não sabemos como proceder corretamente, descobri que a recomendação budista,

"Tenha um bom coração!", é muito útil. Ter bom coração significa ser profundamente solícito, não precisando esconder nada. Ao rezar, expressamos amor genuíno ou tentamos colocar nossas expectativas sobre o outro? Agimos por compaixão ou usamos a oração como uma forma sutil de controlar o outro? Nossa empatia é autêntica ou impomos nossas preferências mesquinhas sob o disfarce da oração?

Às vezes damos pouca atenção à questão do consentimento porque desconfiamos que a oração possa ser ineficaz. Se a oração é ineficaz, o consentimento não importa; mas o que dizer se a oração for *mais* eficaz do que imaginamos? Quanto mais convencidos estivermos de que a oração realmente funciona, mais importantes se tornam as questões éticas.

Os aspectos éticos da oração pelos outros podem tornar-se importantes do ponto de vista legal. Se um policial quer fazer uma busca na sua casa, ele precisa de um mandado de busca. Se você quer rezar por mim, você precisa de um formulário de autorização assinado? Se não tiver um, você estará invadindo a minha privacidade sem causa justa? Não é difícil imaginar futuros processos judiciais baseados em questões de direito à privacidade.

Para complicar ainda mais, temos as evidências ponderáveis de que a oração tanto pode prejudicar quanto curar. Várias experiências científicas mostram que podemos retardar processos biológicos em organismos vivos, como também ajudá-los ou estimulá-los a distância sem que o receptor saiba. Isso implica que a oração, como qualquer remédio ou procedimento cirúrgico, pode ter efeitos colaterais. Atualmente, os cirurgiões são obrigados a ter em mãos um formulário de autorização assinado, detalhando todos os riscos antes de realizar qualquer cirurgia. Se a oração tem efeitos colaterais, a pessoa que reza deve conseguir uma autorização da pessoa por quem reza antes de interceder?

Será cada vez mais difícil ignorar as possíveis ramificações legais da oração. Uma nova mina de ouro para os advogados? Testemunharemos o desenvolvimento de uma nova área — a da lei da oração — dentro da ciência do direito? (Os que acreditam no poder da oração podem começar a rezar *agora* para que todos sejamos poupados da invasão dos advogados em mais um aspecto da nossa vida.)

O dr. Anthony Rippo, clínico geral e fundador do Instituto de Medicina e Oração Santa Fé, leva a sério o consentimento para a oração. Para ele, as evidências científicas da oração são convincentes. Antes de rezar, o dr. Rippo apresenta a seus pacientes uma declaração escrita manifestando seu desejo de rezar por eles; esclarece também que só fará isso se não houver nenhuma objeção. Se um paciente recusa a oferta, o dr. Rippo retira o nome dele da lista. Seu sistema funciona muito bem. Quase todos os pacientes do dr. Rippo lhe são extremamente agradecidos pelo seu desejo de rezar por eles, e raramente alguém deixa de aceitar suas orações.

A questão da oração e do consentimento exige que se ande com cuidado num território sensível e complexo, como o caso a seguir ilustra:

> Alguns anos atrás, o marido de uma amiga, Stephen, teve um acidente de carro quase fatal e sofreu várias lesoes graves. Imediatamente organizamos algumas correntes de oração na nossa e em outras igrejas. Os cirurgiões que dele cuidavam estavam assombrados por ele ter sobrevivido às cirurgias feitas para salvá-lo, classificando suas reações como um milagre. À medida que Stephen se recuperava, continuavam também nossas orações. Entretanto, embora ele sempre tivesse sido um homem de negócios bem-sucedido, um pai exemplar e um líder comunitário, depois do acidente tudo mudou. Ele parecia ter perdido a vitalidade e o gosto pela vida, demonstrando apatia e desinteresse por tudo. Stephen polemizava, resmungava e era difícil de agüentar. Em comparação com o caráter jovial que sempre tivera, a mudança era radical. Era indiferente à mulher e aos filhos, e nada lhe parecia direito.

Dez anos depois, Stephen faleceu de causas naturais. À época da sua morte, eu havia adotado a prática de meditar por vinte minutos todas as manhãs. Durante a meditação, alguns dias depois da morte de Stephen, fui surpreendido pela sua presença. Ele estava à minha frente, rindo — com seu comportamento alegre de antes — e disse, "Finalmente, venci todos vocês". E desapareceu.

Ao refletir sobre isso, cheguei a uma única conclusão: Stephen não queria viver ou talvez não fosse seu destino viver; mas a força de todas aquelas orações pelo seu restabelecimento produzira a sua recuperação.

O acidente de Stephen e nossas orações para que ele sobrevivesse aconteceram muito antes que a maioria de nós tivesse tomado conhecimento do poder do pensamento e da importância de nossas escolhas. Depois daquela meditação, tive mais consciência das imagens que alimentava e das palavras que escolhia na oração de intercessão.

Existe uma forma de oração que evita a maioria dos problemas de consentimento. Se simplesmente rezarmos, "Seja feita a vossa vontade", "Que prevaleça o melhor resultado", ou "Que ele, ou ela, possa obter o bem maior", não estaremos impondo nossa vontade pessoal sobre o outro. Estaremos invocando uma sabedoria maior que a nossa sem dizer ao mundo o que fazer. Essa forma de oração tem sido chamada de estratégia de oração *não-direcionada*, em oposição ao método *direcionado*, em que a pessoa que reza solicita um resultado específico. Experiências comparando essas estratégias de oração mostram que *ambas* são eficazes. *Podemos* buscar uma alternativa através da oração sem determinar o resultado.

As orações caracterizadas com a intenção "Seja feita a vossa vontade", oferecidas com amor, constituem uma das melhores formas de rezar sem que se exija um consentimento.

O uso de dinheiro público para fazer pesquisas sobre a oração

Compreendo que o uso de dinheiro público para fazer pesquisas sobre a oração seja controversa, mas bem menos do que pode parecer. Mais de 90% das pessoas rezam, e a maioria esmagadora parece ser favorável ao uso de recursos públicos para essas pesquisas. Muitos dizem: "Comparando com a maneira como meus impostos em geral são gastos, essa forma de usar o dinheiro do contribuinte é fantástica." Tenho para mim que as pessoas devem ser informadas sobre esse debate, que sem dúvida nenhuma será objeto de muita divulgação no futuro.

Em 1992, o Congresso criou o Departamento de Medicina Alternativa como um setor dos Institutos Nacionais de Saúde. Entre as várias atribuições do departamento inclui-se a de avaliar as terapias não-ortodoxas que se mostram promissoras, concentrando-se em três perguntas básicas: Essas terapias são eficazes? Causam efeitos colaterais? São recomendáveis do ponto de vista da relação custo-benefício? O Departamento de Medicina Alternativa não realiza pesquisas originais, mas avalia e financia estudos propostos por pesquisadores externos. Um dos critérios para liberar financiamentos é o mérito científico da proposta.

Scott Walker, M.D., da Faculdade de Medicina da Universidade do Novo México, localizada em Albuquerque, propôs um estudo com essas características. O dr. Walker elaborou um projeto com o objetivo de avaliar o efeito da oração de intercessão a distância num programa de reabilitação de drogados e alcoólatras. Foi um estudo do tipo duplo-cego, em que nem a equipe de saúde nem os participantes do programa sabiam quem receberia a oração. A oração faria alguma diferença? Os receptores da oração apresentariam uma reação melhor do que os tratados pelos métodos convencionais? (Até o momento em que escrevo este livro, os resultados do estudo do dr. Walker ainda não foram publicados.)

Em 1994, quando o Departamento de Medicina Alternativa divulgou uma relação dos estudos que havia custeado, a atenção dos meios de comunicação concentrou-se no projeto desenvolvido pela Universidade do Novo México. A maioria das principais redes de televisão americanas pediu autorização ao dr. Walker para enviar equipes de reportagens a Albuquerque para "filmar a oração em ação". Em favor da sua inabalável reputação, o dr. Walker, como bom cientista, recusou todos os pedidos, dizendo, simplesmente: "Deixem-me antes realizar o estudo; voltem depois."

Quando a notícia do estudo se espalhou, as críticas imediatamente se manifestaram. Uma das objeções mais veementes veio da Fundação Freedom From Religion, de Madison, Wisconsin. Essa organização enviou uma carta para a secretária do Departamento de Saúde e de Serviços Humanos, Donna Shalala, condenando o fato de os dólares dos impostos federais estarem sendo gastos para avaliar a oração e instando para que isso não se repetisse. Tratava-se de uma violação, sustentava, da separação constitucional entre Igreja e Estado. Shalala e seu departamento não deram uma resposta formal. Mas o incidente foi divulgado por um grande jornal e apareceu nos jornais em todo o país. Annie L. Gaylor, porta-voz da fundação, afirmou,

"Se eu soubesse que o meu médico estava rezando por mim, eu procuraria outro médico. Prefiro que eles acreditem na medicina", dando a entender que os médicos não podem acreditar em ambas, ciência e religião, e que os médicos agnósticos são mais competentes. Gaylor negou que existam evidências comprovando os efeitos da oração, aparentemente desconhecendo o rico corpo de descobertas experimentais nessa área.

O dr. Walker e seus colegas da escola de medicina responderam afirmando que não estavam promovendo a oração ou a religião. Declararam que se alguma técnica ou terapia afeta a saúde humana, a ciência médica deve estudá-la. Mencionaram que recursos federais há muito vêm sendo empregados para estudar os efeitos terapêuticos exercidos pelas práticas religiosas em geral, inclusive pela oração. Estavam pesquisando uma terapia que parecia promissora em outros estudos. Seu experimento não era novo.

Os debates relativos ao dinheiro público gasto em pesquisas acerca dos efeitos da oração sobre a saúde continuam. Em geral os críticos parecem mal informados com relação aos dados acumulados nessa área ao longo de décadas, dados esses que indicam solidamente que a oração é salutar. Alianças estranhas se formaram entre os que se opõem à investigação científica da oração. Os que contestam o patrocínio desses estudos apoiando-se em bases constitucionais, uniram-se a grupos religiosos que acreditam que é uma heresia "testar Deus" no laboratório. A esse rebanho juntaram-se alguns cientistas céticos quanto à eficácia da oração e que em princípio são de parecer que ela não deve ser estudada. Para reunir grupos tão divergentes, a oração tem de ser muito poderosa, sem dúvida!

Esse tipo de oposição não é novo. Quando Benjamin Franklin inventou o pára-raios na América colonial, fanáticos religiosos opuseram-se veementemente ao invento. Estava errado, sustentavam, desviar os raios das casas dos pecadores, a elas lançados por Deus como uma forma de castigo. Os pára-raios, então, eram blasfemos, pois transgrediam a vontade do Todo-Poderoso. Os adversários religiosos não se convenceram do fato óbvio de que o pára-raio servia para proteger também as residências dos virtuosos, o que supostamente incluía as suas próprias.

Quando as evidências científicas em favor dos efeitos salutares da oração forem mais bem conhecidas, a resistência diminuirá. Enquanto as divergências continuam, os cientistas sérios prosseguem seus estudos discretamente, longe da curiosidade pública. Quanto aos que se opõem a essas iniciativas, esses não precisam se preocupar muito, pois a quase totalidade delas será subsidiada por entidades privadas, e não públicas. E quando os dados estiverem à nossa disposição, teremos condições de ver, se os estudos passados servirem de parâmetro, que a oração é eficaz — e que, como um pára-raios, pode ser usada em benefício tanto dos crentes como dos céticos.

A imperícia médica e o insucesso no uso da oração

Em maio de 1995, o *Journal of the American Medical Association (JAMA)* publicou um artigo intitulado "Os Médicos Devem Receitar a Oração para Restabelecer a Saúde?" Esse artigo descrevia as evidências cada vez maiores de que a prática religiosa, inclusive a oração, tem relação com a melhora da saúde física. A divulgação dessa informação no *JAMA* é profética: ela indica que um número cada vez maior de médicos se vê diante de questões relativas à oração em sua prática da medicina.

Questões profundas estão sendo levantadas por esses acontecimentos. Se as evidências em favor da oração são válidas, como muitos especialistas acreditam, justifica-se que os médicos as ignorem? Se a oração dá resultado, qual a justificativa que nós médicos temos para não informar nossos pacientes que ela pode ajudar?

Enfrentei esse dilema em minha própria prática como clínico geral. Depois de conhecer os estudos científicos favoráveis à oração, vi-me diante de um corpo de informações que foi-me impressionando cada vez mais. Eu me perguntava, "Devo usar a oração em favor dos meus pacientes"? Concluí que *não* fazer isso equivalia a negar uma medicação ou um procedimento cirúrgico necessários, e comecei a rezar pelos meus pacientes diariamente.

Chegaremos a um ponto em que os médicos que ignoram a oração serão acusados de imperícia? A imperícia não tem um significado absoluto. Ela é definida legalmente de acordo com os padrões dos serviços médicos que prevalecem numa dada comunidade. Como os padrões variam, a imperícia se torna um conceito mutável, diferindo de lugar para lugar.

O que dizer se a maioria dos médicos de uma determinada área se convence de que a oração é eficaz e começa a recomendá-la a seus pacientes? Significaria que os médicos que não seguem esse novo padrão comunitário são culpados de imperícia? Talvez não, devido à tendência de considerar a oração uma intervenção religiosa, não médica. Mas essa visão pode mudar à medida que as evidências científicas favoráveis aos benefícios físicos da oração se tornem mais conhecidas.

A oração *é* uma questão médica e científica. Atualmente, mais de 130 estudos científicos que pesquisam os efeitos da oração de intercessão estão sendo realizados; mais de 50% desses estudos apresentam evidências estatísticas de que a oração tem um efeito significativo. Além disso, mais de 250 estudos mostram que, na média, a prática religiosa que inclui a oração promove a saúde. Um número cada vez maior de médicos está tomando conhecimento desses dados através de artigos como o do *Journal of the American Medical Association*, acima mencionado, e de vários livros. Conferências importantes estão acontecendo, como o simpósio “Espiritualidade e Cura na Medicina”, realizado na Faculdade de Medicina de Harvard, em dezembro de 1995, organizado pelo dr. Herbert Benson, um pesquisador pioneiro da oração.

À medida que um número cada vez maior de conferências e trabalhos científicos for ressaltando as descobertas mais recentes nessa área, os padrões da ação da medicina na nossa sociedade poderão ser remodelados para incluir a oração como uma intervenção legítima, cientificamente válida. O que poderá acontecer quando a recomendação da oração se tornar uma norma? Os médicos avessos a ela serão acusados de não adotar esse novo padrão?

Como acontece com quase todas as terapias, a *referência* pode também ser um conceito-chave relacionado com o modo como a oração é utilizada. Como clínico geral, não é minha competência realizar uma operação cerebral em meus pacientes, mas é de se esperar que eu os encaminhe a um neurocirurgião qualificado. O mesmo acontece com a oração. Um médico pode tomar a decisão de não rezar por seus pacientes. Mas se a oração for um padrão na sua comunidade, ele pode encaminhar os pacientes para fontes externas de oração, como ministros, padres, capelães de hospitais ou grupos de oração comunitária. Agindo dessa forma, ele estará cumprindo sua obrigação relativa aos padrões da ação da medicina na sua comunidade.

Quando levamos a oração a sério na prática da medicina, outras questões legais se impõem. Os médicos devem rezar por seus pacientes sem o consentimento deles? A oração não solicitada é uma invasão da privacidade (ver páginas 58-62)? Como podemos evitar que médicos zelosos imponham suas crenças religiosas particulares a seus pacientes e os evangelizem sob o disfarce da oração?

A questão envolvendo a imperícia e a oração apresenta ainda um outro aspecto — não o do insucesso ao usá-la, mas o da decisão de usá-la. Num artigo no *Wall Street Journal* sobre os testes científicos com a oração, Richard J. Goss, professor emérito de biologia na Universidade Brown, diz: "Se o meu médico rezasse para que eu me recuperasse, eu pensaria em mover uma ação judicial por imperícia." Seria difícil vencer um caso assim. Como observamos, a imperícia é definida de acordo com os padrões da ação médica numa dada comunidade.

Se aproximadamente metade dos médicos americanos reza por seus pacientes, como se viu numa pesquisa recente realizada pelo Instituto Nacional para a Pesquisa dos Serviços de Saúde, parece não haver uma base sólida para processar um médico que tenha rezado por um paciente. Se a oração é a norma entre os médicos, a questão não parece ser de imperícia.

Com que freqüência os pacientes se aborreceriam ao saber que seus médicos rezam por eles? Isso, provavelmente, aconteceria poucas vezes. Numa pesquisa, mais de 75% dos pacientes acharam que o médico devia interessar-se por questões espirituais como parte de sua profissão; 40% queriam que o médico discutisse questões religiosas com eles e quase 50% dos hospitalizados queriam que seus médicos rezassem não apenas *por* eles, mas *com* eles.

Apesar dessas tendências, alguns médicos preferirão não se envolver com a oração, optando por não a usarem eles mesmos e também por não encaminharem seus pacientes a outros que rezem por eles. Talvez os pacientes que concordam com essa posição sejam atraídos a esses médicos. Será que no futuro surgirão "práticas médicas desvinculadas da oração"?

Enquanto o debate sobre o papel da oração na medicina continua, tenhamos em mente que nada pode *fazer* com que os médicos gostem da oração. À oração forçada, exigida e imposta falta o amor verdadeiro e a empatia que são o seu combustível. Feliz é o paciente cujo médico reza por ele, mas nem todos os advogados e códigos de incompetência da Terra conseguirão criar um espaço para a oração empática no coração de um médico, se ela não estiver latente nele.

É da sacralização da medicina que mais precisamos, e não da maior legalização dela.

Você gostaria de ter um médico que rezasse?

Certa vez, precisei operar uma hérnia de disco que me impedia de viver e trabalhar normalmente e me causava uma dor enorme. Quando percebi que medidas mais simples não davam resultado, optei pela cirurgia. Ao escolher meu cirurgião, levei em conta vários fatores. Meu primeiro critério foi a habilidade técnica e a experiência do cirurgião, não suas crenças religiosas particulares. Eu estava mais interessado na sua qualificação para a prática da neurocirurgia do que em sua habilidade na prática da oração. Pensei: "Você vai manejar o bisturi; eu vou manejar a oração."

A oração não precisa começar com a pessoa que usa o estetoscópio. Podemos rezar no lugar do médico, e podemos recrutar pessoas de fora — parentes, amigos, ministros, padres — para que façam o mesmo.

Uma pesquisa recente, feita pelo dr. David B. Larson e seus colegas do Instituto Nacional para a Pesquisa dos Serviços de Saúde, em Rockville, Maryland, descobriu que 43% dos médicos americanos rezam por seus pacientes. Como você sabe que o seu médico não é um deles? Muitos médicos rezam silenciosa e isoladamente. Parece que interpretam literalmente as instruções de Jesus de "entrar no seu quarto" ao rezar, e acreditam que essas orações são tão eficazes quanto as pronunciadas ao lado da cama.

A oração está voltando à medicina e, à medida que esse retorno for acontecendo, será mais fácil encontrar médicos que sejam profissionais especializados e ao mesmo tempo acreditem na oração. Até então, como devemos proceder? Se você encontrar um médico habilidoso que também reze pelos seus pacientes, ótimo. Entretanto, obrigado a decidir entre um médico que reza, mas com habilidades profissionais questionáveis, e um médico que não reza, mas com aptidões técnicas comprovadas, meu conselho é que você opte pelo médico mais capaz — fazendo as orações você mesmo. Se você está com um tumor no cérebro e só há uma neurocirurgiã nas redondezas, provavelmente não será uma boa idéia dispensá-la simplesmente porque ela não reza.

Quando precisamos de cuidados médicos, quase todos queremos que o nosso médico tenha as mesmas idéias religiosas que nós; mas precisamos cuidar para não ser excessivamente exigentes com os médicos que nos atendem. É preciso lembrar que culturas que adoravam deuses diferentes dos nossos abrigaram grandes agentes de cura; basta citar Hipócrates, o lendário grego, pai da medicina ocidental, e o grande médico persa Avicena. Obviamente, alguém pode ser um excelente médico e não rezar a um deus específico — ou talvez não rezar em absoluto. Conheço médicos agnósticos e ateus de grande habilidade, profundamente preocupados com seus pacientes e muito amados por aqueles a quem atendem. Conheço também médicos que rezam escrupulosamente, mas cujos pacientes mal conseguem tolerá-los. Do mesmo modo que as habilidades para curar não se limitam a médicos formados por uma escola de medicina específica, elas também não se confinam aos que pertencem a uma religião específica ou aos que rezam.

Como paciente, eu preferiria um médico que rezasse, para que de início já houvesse igualdade de condições. Como essa igualdade raramente existe, minha preferência vai para um cirurgião habilidoso, ainda que ateu blasfemador como um marinheiro e não para um médico que não perde missa mas que não sabe manejar o bisturi na sala de operação.

Se a oração por si só fizesse bons médicos, poderíamos fechar as escolas de medicina logo amanhã. Algo, porém, me diz que devemos mantê-las abertas.

Terceira Parte

O que É a Oração?

O universo é oração

Ninguém sabe quando ou onde a oração começou. Há quase dois mil anos, Plutarco, o biógrafo e historiador grego, ficou espantado com essa constatação. Ele comentou, "Se sairmos pelo mundo, será possível encontrar cidades sem muros, sem cultura, sem riquezas, sem moeda, sem escolas ou teatros; ninguém jamais viu, porém, uma cidade que não tenha um templo ou que não pratique um culto religioso, orações e atos semelhantes".

Alguns cientistas tentam explicar as origens da oração aplicando os conceitos da biologia evolutiva. De acordo com a teoria da evolução, os traços e comportamentos que ajudam um organismo a sobreviver e a se reproduzir se perpetuam através do tempo. Ao longo das épocas, a boa acuidade visual, a velocidade e a coordenação muscular suplantam a visão deficiente, a lentidão e a inaptidão. O fato de a oração ter se mantido através do longo processo evolutivo sugere que também ela pode ter sido proveitosa à pessoa que reza; do contrário, provavelmente teria sido abandonada há muito. Que benefício a oração ofereceu?

Especula-se que os seres humanos sentiram a necessidade

de rezar quando se viram envolvidos por um ambiente hostil em que a fome e a morte eram fatos corriqueiros da vida. Precisando de ajuda, começaram a transcender os limites pessoais e foram em busca de espíritos imaginários e de deuses fantasiosos. A oração assim firmou suas raízes no medo e no desespero. Os céticos afirmam que, hoje, rezamos basicamente pelas mesmas razões. Quer rezemos pela cura ou para ganhar na loteria, ainda estamos buscando ajuda fora de nós mesmos, exatamente como faziam nossos ancestrais.

Mas se a oração era apenas fantasia e ilusão, por que ela ainda está conosco? Por que simplesmente não desapareceu durante a longa marcha da evolução? Esse não é um problema para o evolucionista. Se alguém reza e está convencido de que a ajuda virá, é provável que se esforce para alcançar o resultado desejado mais rapidamente. Fantasia ou não, a oração revigora nossos esforços e nos incita a fazer as coisas acontecerem. Os que rezam, portanto, têm uma vantagem no jogo da sobrevivência. E como todo comportamento que propicia uma vantagem desse tipo tende a se perpetuar, a oração continua conosco.

Por mais coerente que esse raciocínio possa parecer, as teorias da biologia evolutiva encontram obstáculos. Os biólogos não têm nenhuma explicação para os efeitos *a distância ou não-locais* da oração. Eles sabem de antemão que esses fenômenos *não podem* acontecer, porque a mente não pode ir além dos limites do cérebro e do corpo. O problema é: esses fenômenos *acontecem.* Quando submetida a testes experimentais em laboratórios modernos, a oração funciona não localmente, e é eficaz a distância.

Mas os biólogos estão certos num ponto: a oração *oferece* uma vantagem à pessoa que reza. Esta não consiste, porém, apenas em fazer com que a pessoa se "esforce mais" para transformar os desejos em realidade, embora isso, até certo ponto, possa acontecer. A oração, na verdade, amplia o alcance da consciência humana. Ela é um modo que temos para transcender nossas limitações físicas — para sermos não-locais, como deuses.

É quase certo que a capacidade de a consciência atuar não localmente, como na oração a distância, não teve origem com os seres humanos. Os animais e os pássaros sabem das coisas a distância. Por exemplo, existem relatos bem documentados de animais perdidos que encontraram seus donos a uma distância de centenas e até de milhares de quilômetros, deslocando-se a pontos precisos onde nunca estiveram antes. Esses casos são inexplicáveis pelas teorias do "retorno para casa", pelas hipóteses envolvendo navegação solar ou estelar ou por cristais de sensibilidade magnética localizados no cérebro. A capacidade dessas criaturas com relação a modos não-locais de conhecer também pode ser uma forma de oração, uma capacidade que nós humanos também usamos quando fazemos uma oração de intercessão ou a distância.

As raízes da oração poderiam se estender a uma profundidade ainda maior na natureza, mais do que nos humanos, nos animais e nos pássaros? As raízes da oração poderiam estender-se à própria matéria? No conjunto global da ciência, as evidências experimentais mais profundas para a existência de eventos não-locais estão na dimensão subatômica. Se dois elétrons que estiveram em contato forem separados e colocados um longe do outro, uma alteração num deles provocará uma mudança imediata no outro. A distância é arbitrária; eles poderiam ser colocados em lados opostos do universo. Os elétrons não "se comunicam" um com o outro, porque as mudanças são instantâneas, o que significa que não há tempo para que um sinal qualquer seja transmitido entre eles. Portanto, as partículas distantes se comportam como se em certo sentido fossem uma única, unidas como um só todo. Esse pode ser o tipo de "alcance" mais fundamental já identificado — ligar-se *tão* intimamente que as duas entidades vibram absolutamente uma com a outra, a despeito da distância que as separa.

Será o "alcance" das partículas subatômicas uma forma de oração? Se assim for, todo o universo é oração.

Um antigo ditado diz: "Se quiser esconder o tesouro, coloque-o bem à vista." Se o alcance não-local, para fora, das partículas subatômicas for um tipo de oração, então a oração está ao nosso redor e em nós. Ela permeia todo o nosso ser, todos os nossos átomos e todos os elementos que compõem nosso corpo; nós comemos, bebemos e respiramos a oração. Esta não é apenas algo que fazemos — ela é o que *somos.*

Conseguiremos abrir nossos olhos para o tesouro?

A oração é uma atitude do coração

Uma das minhas melhores amigas, Anne, tem cinco anos. Seus pais são bastante religiosos e a levam à igreja regularmente. Resultado disso é que Anne é uma "relações públicas" para o setor da oração e se tornou uma das minhas informantes prediletas para questões espirituais. Às vezes, ela me ensina mais do que espero.

Durante uma de nossas conversas, ela levantou uma questão profunda. "Larry", perguntou, "por que a oração é tão *barulhenta*?"

A pergunta de Anne me fez rever tudo desde o começo. O que *é* oração, e por que em geral acreditamos que ela está relacionada com o falar? A idéia de uma oração oral geralmente começa na infância com a ação de graças antes das refeições e com a prece para o anjo da guarda feita na hora de dormir. Quando chegamos à idade adulta, a oração já se tornou barulhenta. Ao longo dos anos, nosso conceito de oração incorpora não apenas o pressuposto de que a oração envolve palavras, mas também muitas outras características. Ela quase sempre evolui para algo parecido com isto:

Rezar é falar em voz alta ou em silêncio com uma figura cósmica de raça branca, masculina, paternal, que prefere que nos expressemos em inglês.

Apesar de muitas pessoas de nossa sociedade defender esse conceito de oração, ele acarreta problemas terríveis. Em primeiro lugar, Jesus e os fundadores do Cristianismo não falavam inglês. E também não eram fluentes na nossa língua os fundadores das outras grandes religiões do mundo. E o que dizer do sexo? Muitas pessoas que rezam não se dirigem a uma imagem masculina, mas sim a uma deusa. Quando rezamos, por que conferir atributos pessoais ao nosso conceito do Todo-Poderoso — supondo, por exemplo, que o Divino esteja "ouvindo"? Milhões rejeitam qualquer forma de um deus pessoal a quem possamos dirigir nossas orações. Sirva de exemplo o Budismo, que não é uma religião teísta. Os budistas não rezam a uma divindade pessoal, mas ao Universo. E eles rezam incessantemente, girando suas rodas de oração, por todo lugar em que passam. Será a oração budista uma simulação? Os budistas "realmente" rezam? Embora muitos fundamentalistas insistam em dizer que a oração não-cristã não é autêntica, os budistas receberiam chocados a informação de que sua oração não é oração. E por que incluir a raça em nosso conceito de oração? Sobre a face da Terra, a maioria das pessoas que reza não é branca, e provavelmente não imagina o Todo-Poderoso como um caucasiano. Para milhões, a imagem antropomórfica e extremamente personalizada do Todo-Poderoso é desanimadoramente árida. Em vez de ser atraídos por essa imagem, esses milhões podem se sentir fascinados por um sentido de ordem universal, de grandiosidade, de beleza, de sacralidade cósmica e majestade.

Mas voltemos à pergunta de Anne. A oração é uma forma de fala? Ela precisa envolver palavras? Uma senhora me escreveu: "Sinto um grande desejo de orar, mas não consigo usar palavras. Elas parecem desnecessárias e sem sentido." Oscar Wilde tinha dúvidas semelhantes sobre as palavras. Certa vez ele escreveu: "Não falo com Deus para não aborrecê-lo."

Na sua forma mais simples, *a oração é uma atitude do coração* — uma questão de *ser*, e não de fazer. Oração é o desejo de entrar em contato com o Absoluto, qualquer que seja o conceito que façamos dele. Quando sentimos a necessidade de estabelecer essa ligação, estamos rezando, quer usemos ou não palavras.

Isso não significa que haja algo de errado com as palavras. Muitas vezes as pessoas são estimuladas a expressar verbalmente sua união com um deus, com uma deusa, com o Divino, com o Universo, com o Absoluto de alguma forma — elevando suas vozes em palavras ou canções. Se precisamos usar palavras, temos de usá-las; mas a essência da oração não é alguma coisa que você diz domingo de manhã, antes das refeições ou ao lado da cama. A essência da oração ultrapassa todos os "Pais-Nossos" e "Ave-Marias" e vai além de todos os *tus* e *vós.*

Anne tocava num ponto importante: a oração não precisa ser ruidosa. Como uma atitude do coração, ela pode ser invisível, silenciosa, quieta. Como Thomas Merton, o escritor e monge católico, disse, "Eu rezo através da respiração".

Seguindo a indicaçao de Anne, podemos expandir a definição de oração:

> Oração é comunicação com o Absoluto.

Essa definição é deliberadamente ampla. Ela permite que as pessoas definam *comunicação* do modo que considerarem apropriado. Ela também as convida a imaginar o Absoluto sob a forma que desejarem — inclusive sob a idéia de que o Absoluto é ao mesmo tempo transcendente e imanente, estando "lá" e também "aqui".

Na oração, as pessoas podem preencher as lacunas do modo que preferirem.

A oração é o que ela precisa ser

Um cirurgião, diretor do seu departamento num grande centro médico, me disse: "Durante muito tempo da minha vida, pensei que não acreditava na oração. Julgava tê-la abandonado ao entrar na faculdade e na escola de medicina, mas percebo que estava errado. Sempre rezei pelos meus pacientes e nunca deixo de rezar quando faço uma cirurgia."

E continuou, descrevendo sua maneira de rezar. Para ele, a oração envolve um sentimento autêntico de compaixão e de empatia, que ele estende aos seus pacientes antes de entrar na sala de operação. Esses sentimentos criam uma sensação de unidade que lhe permite sentir-se ligado ao paciente e também a todos os outros membros da equipe cirúrgica. Nessa atmosfera, um senso de significado e propósito o preenche, e ele sabe que a operação será mais do que um exercício técnico.

"Por que você teve a impressão de ter abandonado a oração e de não estar rezando?", perguntei.

"Eu cresci associando a oração com palavras e fala", respondeu. "Orações eram alguma coisa que se dizia, principalmente com o objetivo de obter algo. A oração era um exercício verbal de egoísmo. Isso me fez perder o interesse, e eu desisti de rezar."

Em seguida, ele passou a descrever como suas idéias sobre a oração haviam mudado. "Durante a cirurgia, eu me sinto totalmente mergulhado no que está acontecendo. Quanto mais difícil é a cirurgia, mais forte é essa sensação. Às vezes, sinto como se o bisturi, o paciente e eu estivéssemos totalmente unidos como um todo, o que me infunde um profundo sentido de reverência. Não consigo descrever isso — está além das palavras. Para mim, toda essa experiência é oração — não algo que eu faço ou digo, mas que eu *sinto.*"

O cirurgião atingiu o alvo, pois a oração muitas vezes vai além das palavras. A oração verbal, porém, nem sempre é inapropriada. Se somos movidos a rezar com palavras, podemos gritar nossas orações do alto das montanhas; podemos adornar essas palavras com música para compor hinos, se é isso que sentimos. A linguagem é um dom extraordinário; por que não usá-la na oração?

Nem todos somos hábeis o bastante com as palavras. Devemos ser gratos por isso. A vida seria insuportável numa sociedade repleta de oradores. É absolutamente natural, portanto, que nós, seres humanos, nos expressemos de maneiras diferentes na oração — alguns valendo-se mais, e outros menos, da linguagem.

A oração é palavra? É silêncio? A oração é o que ela precisa ser. Quando ela brota em nós, devemos permitir que ela siga o curso ou o canal que seja mais natural ao seu fluxo. Problemas surgem quando criamos bloqueios e barreiras — quando insistimos, por exemplo, que ela deve ser sempre verbal, silenciosa, com palavras, musical, ritualista, jovial ou séria. Quando cercamos a oração, deixamos as pessoas do lado de fora — pessoas que, como meu colega cirurgião, achavam que não estavam rezando porque sua forma de oração não se coadunava com a norma religiosa.

Uma oração em favor da oração

Que a oração seja.

Que ela siga
  os padrões infinitos do coração humano.
Que aprendamos a praticar a arte mais difícil,
  a arte da não-interferência.
Que sejamos guiados pela oração
  em vez de tentar dirigi-la.
Que a oração seja o que precisa ser,
  ser o que ela é.

Que a oração seja.

Religião e oração são coisas diferentes

É possível rezar sem ser religioso, e alguém pode ser religioso e não rezar.

Muitas vezes, confundimos oração e religião, porque em todas as culturas elas estão entrelaçadas com rituais e cerimônias formais. Em sua forma mais simples, porém, a oração não precisa de catedrais, de igrejas, de padres ou de ministros. A oração é e sempre foi um assunto do coração — a tentativa de uma pessoa comunicar-se com o Absoluto.

Mas a religião pode fortalecer a oração, e a necessidade de rituais e cerimônias, como a necessidade da oração, está profundamente arraigada na natureza humana. Talvez seja esse o motivo por que, como o monge beneditino Irmão David Steindl-Rast diz, as pessoas "sempre" acabam sendo atraídas para a religião. Para a maioria das pessoas, a filiação religiosa é um complemento da oração, ambas andando juntas.

Existem fundamentalistas em todas as religiões, porém, que acreditam que não podemos fazer uma "oração verdadeira" sem ser membro da sua religião. Essa postura pode ser rejeitada facilmente. Como vimos, podemos testar a oração no laboratório, sob condições experimentais rigorosas, para ver se ela é eficaz ou não. Quando testamos as orações de pessoas de diversas religiões, fica evidente que todas elas são eficazes. De fato, *não existe, no laboratório, correlação entre as crenças religiosas particulares de cada um e o resultado ou eficácia da oração.*

Um fator decisivo na eficácia da oração parece ser o amor, não a religião que a acompanha. Como observamos, os cristãos que acreditam num "único Deus verdadeiro" dispõem assim de um modo de aceitar o fato de que as orações de diversas religiões são eficazes. Os cristãos acreditam que Deus é amor. Se o amor é um fator decisivo para que as experiências com a oração dêem resultado, não pode Deus estar presente em todas elas? Assim, os cristãos poderiam ver a presença de Deus em todas as orações, e não apenas nas suas. Isso faria com que os cristãos afirmem a sua própria tradição, impedindo que condenem as orações dos outros.

O corpo não faz distinção entre oração e meditação

Tanto a oração como a meditação brotam do coração e, entre elas, existem mais semelhanças do que diferenças.

Compare, por exemplo, a repetição do nome de Jesus ou de Maria na prática da oração cristã com o costume de repetir um mantra, palavra com significado especial, presente em certas formas da oração budista. Durante ambas essas práticas, a pessoa geralmente é invadida por uma sensação de serenidade e de união com algo maior — esse *maior* podendo ser Deus, Deusa, Buda, o Universo ou o Absoluto.

Na década de 1970, o dr. Herbert Benson, especialista em medicina cardiovascular da Faculdade de Medicina de Harvard, estudou como o corpo reage a certas práticas — à oração cristã, à meditação transcendental (MT), ao *biofeedback*, à hipnose e às técnicas de relaxamento chamadas terapia autogênica e relaxamento progressivo. Ele descobriu que, em todas elas, o corpo apresentava a mesma reação, que ele chamou de reação de relaxamento. Ela apresentava as seguintes características: diminuição da freqüência cardíaca, da pressão sangüínea e da freqüência respiratória; redução da necessidade de oxigênio; menor produção de dióxido de carbono, e assim por diante. Benson concluiu que, embora nosso intelecto possa diferenciar a oração da meditação, o nosso corpo não faz essa distinção.

Haveria diferenças no poder da oração e da meditação quando postas em condições de teste? Nas três últimas décadas, foram feitas muitas experiências com a oração envolvendo pessoas de várias crenças religiosas: pessoas de vários credos, inclusive cristãos reconvertidos, devotos de religiões orientais, praticantes de meditação de diferentes credos e mesmo agnósticos. Durante os testes, as pessoas são convidadas a usar qualquer estratégia psicológica que queiram para realizar a tarefa que lhes é atribuída, geralmente a de aumentar a função saudável de organismos humanos e não-humanos. Esses estudos mostram que não apenas uma ampla variedade de pessoas consegue alcançar o objetivo, como também, como já vimos, que não existe relação entre a fé religiosa particular de cada um e o efeito da estratégia mental.

São as pessoas e o preconceito que erguem barreiras entre práticas religiosas como a oração e a meditação. O nosso corpo é mais sábio e menos dogmático.

Magia habitual

Ao longo da História, as pessoas sempre viram na oração um meio de conseguir coisas. Se o Divino vela pelo nosso bem-estar e responde às nossas orações, seremos cumulados de presentes?

> Um Mercedes-Benz e uma carteira "bem recheada" são um sinal da graça de Deus? O argumento das Escrituras é inflexível quanto à dificuldade que os ricos têm de entrar no reino do céu e quanto à natureza do "lucro desonesto" como a raiz de todo mal. Entretanto, 70% dos chefes de famílias pesquisados pela Fraternidade Luterana, uma organização financeira, disseram que consideravam sua situação econômica um reflexo da atenção de Deus para com eles; 49% disseram que rezavam regularmente para melhorar sua situação financeira.

O pregador de tevê Robert Tilton não vê limites para a generosidade do Todo-Poderoso. "Isso mesmo!", proclama, sem a menor ironia. "Vocês podem realmente dizer a Deus qual deve ser a parte dele no pacto!... Primeiro passo: Digam a Deus o que querem dele: um carro novo, um novo emprego, aptidão física, casa, dinheiro." E por último, não sendo porém este o item menos importante, a "salvação".

Os resultados inesperados das orações egoístas são um solo fértil para zombeteiros e cartunistas. Eis a seguir um que mostra o desdém do Todo-Poderoso pelos nossos pedidos egoístas:

> Deus tira um homem do forno cósmico, onde esteve incubando à espera da reencarnação seguinte. O homem sai falando: "Olha, desta vez eu quero um emprego de quatro dias semanais, um salário de cinqüenta dólares por hora, planos de saúde, um plano de aposentadoria, dois meses de férias por ano, bom potencial para promoção, e..." Deus o devolve ao forno, dizendo, "Ainda não está pronto".

O romancista Aldous Huxley criticava com veemência o modo como atormentamos o Todo-Poderoso com nossas orações egoístas. Ele observou,

> Para ter condições de fazer com que seus pedidos sejam atendidos, um homem não precisa conhecer ou amar a Deus... Tudo o que ele precisa é um sentimento ardente da importância do seu ego e dos seus desejos, somado a uma convicção firme de que, em algum lugar do universo, existe alguma coisa que não é ele e que pode ser adulado ou coagido a satisfazer esses desejos. Se eu repetir "Seja feita a vossa vontade", com a fé e persistência necessárias, é muito provável que mais cedo ou mais tarde, de um modo ou de outro, eu consiga o que quero. Se a minha vontade coincide com a de Deus, e se ao conseguir o que quero, consigo o que é espiritual, moral ou mesmo materialmente bom para mim são questões que não posso responder de antemão. Só o tempo e a eternidade mostrarão... A terceira frase do Pai-Nosso é repetida diariamente por milhões de pessoas que não têm a mínima intenção de deixar que qualquer vontade seja feita, com exceção da sua própria.

Huxley estava certo. Podemos ser extremamente confusos ao usar a oração para conseguir o que queremos. Por exemplo, um homem contou que, na adolescência, ele rezava para conseguir um carro. Como não o conseguisse, deu-se conta de que Deus não agia daquele modo. Assim, roubou um carro e rezava pedindo perdão.

"O homem justo ama a Deus por nada", disse Eckhart. E quando deixamos de pedir e deixamos que o amor e a gratidão aflorem em nossas orações, os resultados podem ser impressionantes, como na seguinte história clínica envolvendo a médica Betsy MacGregor, do Hospital Beth Israel, da cidade de Nova York:

> Um jovem de 17 anos sofrera um grave acidente de motocicleta. Ele teve fraturas múltiplas e acabou com [...] uma infecção no osso [...] com fístulas drenadas na perna. Os cirurgiões retiraram pedaços do osso e [...] da carne [...] tentando eliminar a infecção, até que finalmente a cavidade na coxa ficou tão grande que se podia introduzir nela dois punhos.
>
> [...] Diariamente, quando o ortopedista lhe trocava os curativos, o rapaz sentia dores horríveis. Eu achava que ele era uma pessoa chorona e medrosa, preocupada apenas com seu medo e sofrimento. Quando comecei a fazer alguma coisa pela sua dor e a ajudá-lo com medicações além de técnicas de relaxamento [...] começamos a conversar sobre seus sonhos e esperanças [...] antes do acidente.
>
> [...] Eu lhe perguntei se costumava rezar; ele respondeu que sim, que pedia a Deus que o curasse. Eu lhe disse que havia uma outra forma de rezar a Deus sem pedir; que poderia dizer a Deus que era realmente importante que ele o curasse. Finalmente, depois de alguns meses, certo dia ele me disse: "Sabe, eu venho rezando a Deus de maneira diferente nestes últimos dias. Venho dizendo: preciso realmente ser curado, Deus; não estou apenas pedindo que me cure; eu preciso ser curado porque há coisas que preciso fazer, e é realmente muito importante que Você me ajude a sarar." Esse jovem fez sua oração de uma maneira extraordinariamente diferente. O que ele disse partiu de um lugar

cheio de força dentro dele, e não da ansiedade e do desespero. Ele saiu do hospital com a infecção curada e a ferida sarando, uma pessoa totalmente diferente daquela figura chorosa e apática com que deparei a primeira vez.

Freqüentemente um feliz paradoxo acontece quando pedimos coisas materiais. Podemos não conseguir o que pedimos, mas, quando isso acontece, muitas vezes recebemos um presente maior. É o que a "Oração de um Soldado Confederado Desconhecido" exemplifica:

> Pedi a Deus força para realizar;
> recebi a fraqueza para aprender a obedecer.
>
> Pedi saúde para realizar coisas grandes;
> recebi a doença para realizar coisas melhores.
>
> Pedi riquezas para ser feliz;
> recebi a pobreza para ser sábio.
>
> Pedi o poder para conseguir o louvor dos homens;
> recebi a fragilidade para sentir a necessidade de Deus.
>
> Pedi tudo que me fizesse aproveitar a vida;
> recebi a vida para poder usufruir de tudo.
>
> Nada do que pedi eu obtive,
> mas recebi tudo aquilo por que havia esperado.
>
> Quase apesar de mim mesmo minhas orações não ditas foram atendidas;
> Eu sou, entre todos os homens, o mais abençoado.

Nossas orações pedindo coisas materiais não foram atendidas? A experiência pode fazer com que nos concentremos com mais atenção no que já temos — uma vida feita de acontecimentos mágicos envoltos em breves momentos. Como algo material poderia aumentar o esplendor do aqui e agora?

Quando compreendemos que cada momento, em certo sentido, já é perfeito, nosso olhar não precisa mais procurar à frente, como muitas vezes acontece quando rezamos por um futuro melhor. Podemos aprender a nos abrigar com gratidão no momento — e saber, como Margaret Bonnano, que "daí em diante, só é possível viver feliz vivendo o dia-a-dia".

Rezar não é uma questão de conseguir algo. Rezar é estar atento ao momento e perceber a magia no que é comum. Como a escritora Adair Lara diz, "E alguns, como eu, estão apenas começando a entrever a poderosa religião da vida de todos os dias, uma espiritualidade de assoalhos recém-esfregados, de travessas empilhadas e de roupas balançando no varal".

A oração ajuda-nos a apreciar a deslumbrante simplicidade da vida diária. Como nos lembra o aforismo budista, "Depois do êxtase, a lavanderia".

Quarta Parte

Como Rezar

Na oração as credenciais não têm importância

A oração é uma atividade que toda pessoa pode praticar com êxito, quer esteja rezando pela primeira ou pela milésima vez. Será, porém, que entre as pessoas que rezam algumas são mais habilidosas do que outras? Temos duas escolas de pensamento.

Uma experiência minuciosa realizada na Universidade da Islândia, em Reykjavik, pelo professor de psicologia Erlendur Haraldsson, identificou um fator associado à habilidade em agentes de cura que usam a oração constantemente. O estudo avaliou a habilidade de sete pessoas para influenciar o crescimento de células de levedura em tubos de ensaio. Dos sete participantes, três praticavam a cura (dois como agentes de cura espirituais e o terceiro como médico praticante de cura espiritual). Os outros quatro eram estudantes sem nenhuma experiência ou interesse especial pela cura. Foram usados 240 tubos de ensaio, 120 como receptores da intenção de cura e 120 como controles. Diante do tubo, o sujeito, em várias ocasiões com duração de dez minutos, e adotando um método mental de sua escolha, tentava aumentar o crescimento da levedura no líqüido. As pessoas não podiam tocar os tubos nem aproximar-se deles mais de trinta centímetros. As medições do crescimento da levedura eram feitas em todos os tubos a cada vinte e quatro horas, com um calorímetro de absorvência luminosa, por um pesquisador assistente que não sabia quais eram os tubos de controle. Além disso, um outro pesquisador realizava medições independentes. Os pesquisadores concluíram: "Os resultados indicam que a concentração mental ou intenção (cura espiritual) afetou o crescimento da levedura." A análise revelou que havia menos de duas possibilidades em cem de atribuir os resultados positivos ao acaso. A maior parte dos pontos positivos deveu-se aos três agentes de cura. A análise da pontuação de cada um dos sujeitos mostrou que havia menos de quatro possibilidades em dez mil de que os resultados pudessem ser atribuídos ao acaso, ao passo que os estudantes que não praticavam a cura apresentavam resultados fortuitos.

Numa série de experiências realizadas pela Spindrift, uma organização de pesquisa da oração, a avaliação do fator habilidade foi feita por meio de pessoas que tinham experiências diferentes com relação à oração: elas deviam tentar influenciar o índice de germinação de sementes e a atividade metabólica de culturas de levedura. Nesses testes, como na experiência da Islândia, os profissionais mais experientes obtiveram os resultados mais significativos. Esses estudos indicam que a prática, o interesse e a experiência são decisivos para a cura espiritual; para a maioria dos agentes de cura, a base da cura espiritual é a oração.

Por que o fator habilidade *não deveria* ser relevante na oração? A oração requer um estado de concentração mental geralmente caracterizado por uma sensação de quietude, serenidade e silêncio interior. Toda pessoa que já tenha tentado aquietar a mente sabe como isso pode ser terrivelmente difícil. Santa Teresa de Ávila comparou o esforço de conseguir essa condição mental com a tentativa de montar um cavalo arisco. Os budistas chamam o nosso estado psicológico habitual de "mente de macaco". Mas a prática faz a perfeição: quanto mais nos dedicamos à oração e à meditação, mais tranqüila a mente se torna.

As experiências com a oração indicam que o amor é um dos fatores mais importantes para determinar sua eficácia. Na cura, ele é o responsável pela sensação de unidade que o agente de cura sente com o paciente. A maioria das pessoas aprende a amar no decurso de toda uma vida. Isso não sugere que o efeito da oração pode variar à medida que a nossa capacidade para amar se aprofunda? E o que dizer da constância do nosso amor? Um antigo ditado diz: "O amor é como o pão; deve ser feito diariamente." Talvez aprender a rezar signifique simplesmente aprender a amar — profundamente e com toda a confiança.

O ponto de vista contrário é que toda oração é igualmente eficaz e que ela não depende do fator habilidade. Refletindo esse ponto de vista, uma senhora me escreveu:

> Não é correto dizer que a experiência faz diferença na oração. A oração é um campo em que ninguém está em desvantagem. Quando rezamos, somos todos iguais. A única coisa que conta é que provenha de um coração amoroso e sincero. Não deveríamos estabelecer uma hierarquia para a oração, com padres e pastores no topo e o resto de nós na base. Isso não é oração. Se o papel da experiência na oração for enfatizado, o novato ou a pessoa que reza pela primeira vez não terá ânimo para adotar essa prática. Devemos *incentivar* as pessoas a rezar, e não ser para elas motivo de desestímulo.

Eu não acredito que esses dois pontos de vista excluam um ao outro. Em praticamente todas as atividades humanas existe o fator habilidade, desde cozinhar até jogar bilhar e fazer amor. Dizer que nessas áreas o fator habilidade é relevante não impede ninguém de participar delas. Qualquer pessoa pode rezar, independentemente do seu nível de treinamento. O importante é começar.

Todos concordam que uma oração autêntica deve brotar do coração e ser sincera. Deduz-se daí que as pessoas que estão começando a rezar podem ser mais eficientes do que as que rezam há muito tempo, porque sua experiência é nova, e não rotineira e maquinal.

A Bíblia afirma categoricamente: "A oração fervorosa do justo tem grande poder." (Tg 5: 16) Ela não diz: "A oração realizada com perfeição pelo justo experiente nessa questão tem grande poder." A oração é tanto para os novatos como para os veteranos.

É perfeitamente concebível que a oração de uma única pessoa sincera possa valer mais do que um milhão de orações eventuais e desatentas. Ou que a oração nascida do coração de uma pessoa que reza pela primeira vez possa superar a de um mestre em oração que está num dia ruim. Se eu ficasse doente, pediria às pessoas que amo e que me amam para rezarem por mim. Eu gostaria de ter pessoas compassivas e que gostam de mim ao meu lado, não me importando se rezam há cinqüenta anos ou se começaram a rezar ontem. Na oração, importam acima de tudo a compaixão, o amor e o afeto — e não as credenciais.

A criança é uma oração

Em 1855, Walt Whitman escreveu, em *Folhas da Relva*:

> Um menino saía todos os dias,
> E o primeiro objeto que ele via e acolhia com
> admiração ou pena ou amor ou medo ... esse
> objeto ele se tornava,
> E esse objeto se tornava parte dele durante o
> dia ou durante parte do dia ... ou durante
> muitos anos ou ciclos de anos.

Whitman percebeu que as crianças não rezam; elas *são* uma oração.

Se oração é "comunicação com o Absoluto", como propusemos, os canais de comunicação para as crianças parecem estar sempre livres. Enquanto nós adultos lutamos para superar os obstáculos, parece que as crianças não precisam se esforçar, que não têm barreiras a vencer. As crianças têm uma relação livre com o Infinito.

A criança é a metáfora da pureza espiritual em todo o mundo, e o "...se...não vos tornardes como as crianças..." é um dos elementos mais universais da orientação espiritual. O objetivo de nossa vida de oração, porém, é claro que não é nos tornarmos crianças literalmente, mas nos tornarmos *como* uma criança, encarnando a inocência e a autenticidade da criança em nossas orações de adultos.

Essa distinção pode parecer óbvia, mas é muito mal-entendida. Muitos pensadores do século XX, inclusive Freud, acreditavam que os impulsos religiosos representam uma vontade de regressar psicologicamente a um estado infantil. Para ele, todas as experiências místicas de unidade e unicidade eram simplesmente uma reversão à forma de percepção oceânica e indiferenciada da criança, em que "eu" e "outro" não se distinguem. O anseio místico era apenas uma aspiração disfarçada à manjedoura, ao berço, ao seio. Essa visão, embora ainda desfrute de grande popularidade entre os céticos irredutíveis, confunde *re*gressão e *pro*gressão. Toda experiência espiritual válida, incluindo a esfera superior, extática, da oração, é uma marcha rumo à maturidade, e não uma reversão à infantilidade. Como toda pessoa que entrou num caminho de disciplina espiritual sabe, a vida espiritual não é para os fracos. É um trabalho árduo. Sugerir que esse caminho possa ser percorrido por crianças ou por adultos infantis é um contra-senso evidente.

Ninguém permanece criança, nem deve. As fraldas e a dependência devem ser deixadas de lado. Isso se aplica ao aspecto físico *e também* ao espiritual. Os desafios e o sofrimento que fazem parte do amadurecimento acrescentam amplitude, profundidade e riqueza à vida que a criança não conhece. Essas experiências produzem uma firmeza e flexibilidade sem as quais a vida não pode ser vivida.

Hoje, quando nosso mundo se apresenta tão caótico e descontrolado, muitas pessoas observam, saudosas, a simplicidade e a inocência da criança. Uma expressão disso é o fascínio do público pelos anjos, que muitas vezes assumem a forma de querubins infantis e de crianças seráficas, andróginas, aladas.

Devemos nos lembrar que os anjos, além de serem inocentes e puros, podem também ser criaturas severas, firmes e inflexíveis que não aceitam trapaça de ninguém. Eles não são bebês que se aninham, e flutuam no ar. Os anjos empunham espadas de fogo. A flecha de Cupido fere. Como se expressou o poeta Rilke, "Todo anjo é terrível".

Nosso anseio pela inocência perdida da criança também pode ser visto em uma escola de psicoterapia muito popular chamada "trabalho com a criança interior". A criança interior representa o estágio inicial da vida em que os cuidados e o amor são indispensáveis para fundamentar uma vida psicológica saudável. Traumas nessa fase podem levar a problemas emocionais posteriores. Entrando em contato com essas experiências dolorosas através de um relaxamento profundo, de imagens orientadas ou da hipnose, muitas pessoas conseguem neutralizar esses efeitos patológicos e encontram uma grande paz no presente. No entanto, muitos terapeutas que usam essas técnicas observaram que algumas pessoas não só *fazem contato* com sua criança interior mas, estabelecido esse contato, apegam-se a ele com todas as suas forças. Essas pessoas querem comprazer-se indefinidamente no estado bem-aventurado da infância, onde outra pessoa satisfaz as necessidades de segurança física e de apoio emocional. Terapeutas hábeis sabem como estimular pessoas que se fixam nesse estágio. Eles ajudam seus clientes a se tornarem *como* crianças, e a não permanecerem crianças.

As crianças são ícones da inocência. Elas são a oração encarnada porque sua comunicação com o Absoluto ainda não foi interrompida. Elas nos lembram o que fomos e o que podemos novamente realizar.

Formas quadrúpedes de oração

Os efeitos da oração não estão restritos aos seres humanos. Ela tem-se mostrado eficaz em praticamente todas as ocasiões em que foi usada em favor de coisas vivas — seres humanos, células e tecidos, animais, plantas e organismos como bactérias, fungos e levedura. As evidências desses vários efeitos são abundantes e incluem mais de 130 estudos de laboratório, como já mencionamos.

Algumas pessoas têm dificuldade para aceitar essas experiências porque não conseguem imaginar como se poderia, afinal, rezar por bactérias ou por outras formas de vida ditas inferiores. Como se poderia sentir empatia e amor suficientes por essas criaturas não-humanas para rezar realmente por elas? Para os milhões de pessoas que amam animais, isso não é um mistério; para elas, os animais não são seres "inferiores", pura e simplesmente. Algumas religiões, como o hinduísmo, vêem os não-humanos com o mesmo respeito que dispensamos à nossa própria espécie. Esse grau de reverência pela vida não é apenas "oriental". Lembro-me de um ditado muito antigo dos místicos judeus: "Sobre cada haste de grama inclina-se um anjo sussurrando, 'Cresça! Cresça!'"

Os pesquisadores começaram a estudar os benefícios salutares de se ter animais de estimação. Esses estudos têm implicações interessantes para a compreensão da oração. Aaron H. Katcher, médico da Faculdade de Medicina Veterinária da Universidade da Pensilvânia, e seus colegas descobriram que 98% das pessoas que têm cães passavam bastante tempo conversando com eles, 75% achavam que os cães eram sensíveis ao estado de espírito e sentimentos do dono e 28% confiavam em seus cachorros. Katcher acredita que o relacionamento com um animal de estimação traz às pessoas benefícios com essas interações, benefícios semelhantes aos da oração. Ele afirma: "Sem ser irreverente, pode-se pensar nas semelhanças entre o bem-estar proporcionado pela oração e o que sentimos quando falamos com um animal. Freqüentemente, a oração é acompanhada de um estímulo para os sentidos como incenso, música, posturas corporais especiais, o toque de mãos juntas ou das contas de um rosário, do mesmo modo que o diálogo com um animal é acompanhado pela estimulação do toque, do calor e do odor. Em ambos os casos, percebe-se que a fala é 'compreendida'."

A devoção a um animal de estimação, como a devoção à oração, pode promover o aprimoramento da natureza humana, como se pode ver na dinâmica das famílias. Ann Ottney Cain, professora de enfermagem psiquiátrica na Universidade de Maryland, em Baltimore, estudou o impacto sociológico dos animais em 60 famílias que tinham animais de estimação, como cachorros e gatos, e outros mais exóticos como gambás, cabras e macacos. Ela descobriu que os membros de muitas famílias, depois de adquirir seus animaizinhos, aumentavam seu grau de proximidade, brincando juntos mais tempo, e discutindo menos. "Uma mulher inclusive usava o cachorro da família para acalmar os ânimos", relata Cain. "'Parem de brigar, vocês estão perturbando o cachorro', era o seu comentário favorito."

O dr. Herbert Benson, da Universidade de Harvard, mostrou, nos anos de 1970 e 1980, que a oração pode reduzir o *stress* e baixar a pressão sangüínea e diminuir os batimentos cardíacos, provocando o que ele chama de Reação de Relaxamento. Os cães podem ser uma forma quadrúpede de oração, porque produzem quase o mesmo efeito. Segundo Katcher, quando estamos na presença de um cão, nossa pressão sangüínea é mais baixa. E os cães não detêm esse monopólio: observar um aquário de peixes tropicais também baixa a pressão sangüínea.

A oração derruba as barreiras entre as pessoas, o que também fazem os animais de estimação. Peter R. Messent, do Centro de Estudos Animais, em Leicestershire, Inglaterra, convocou oito donos de cachorros e pediu-lhes que fizessem duas caminhadas pelo Hyde Park — uma vez com seus cachorros e outra vez sem eles. Um observador os seguia, registrando as reações das pessoas que passavam a um metro e meio do caminhante ou do cachorro. O número de reações, e de conversas mais prolongadas, foi significativamente maior quando os donos estavam com seus cachorros, não importando se estes eram de raça ou não.

O contato com animais de estimação, do mesmo modo que ocorre com a oração, suscita um comportamento compassivo nas pessoas. Sharon L. Smith estudou a convivência entre dez cachorros de estimação e os membros das respectivas famílias. Ela descobriu que os cães propiciavam aos homens e também às mulheres, uma saída socialmente aceitável para se realizar o toque — esfregar, coçar, afagar e acariciar — coisa que os homens americanos relutam em fazer.

E os animais de estimação, como a oração, salvam vidas. Num estudo sobre 96 pessoas com doenças cardíacas que haviam recebido alta depois de tratadas numa unidade de tratamento coronário, a psiquiatra Erika Friedmann, da Universidade da Pensilvânia, na Filadélfia, e seus colegas descobriram um índice de mortalidade mais baixo, um ano depois da saída do hospital, entre os pacientes que tinham animais de estimação, mesmo levando-se em conta as diferenças individuais com relação à lesão cardíaca e a outros problemas de saúde. Na verdade, a equipe de Friedmann descobriu que ter um animal de estimação aumentava mais as chances de sobrevivência do paciente do que o apoio de um cônjuge ou de uma família numerosa.

Para resumir, existem semelhanças surpreendentes entre a oração e a convivência com um animal de estimação. Essas incluem:

- Ter alguém com quem falar;
- Desenvolver um comportamento compassivo;
- Dar a sensação de que se é bem aceito e acolhido;
- Aumentar a sensação de ser amado incondicionalmente, "apesar de todos os pesares";
- Reduzir o *stress* psicológico;
- Aumentar a saúde e salvar vidas;
- Romper barreiras entre as pessoas.

No Hospital Metodista de Riverside, em Columbus, Ohio, um dos membros mais valiosos da equipe do sanatório é Barlow, um belo labrador de cor dourada. Barlow faz rondas com as enfermeiras e médicos e goza de grande prestígio entre os pacientes. No Centro Médico de Maine, em Portland, uma outra exuberante labradora, Pandora, faz rondas regulares na unidade de terapia intensiva com seu condutor. Pandora é bastante fotogênica, e a equipe de enfermeiras diz que ela adora ser fotografada — é uma verdadeira modelo. "Orientações para o Programa de Terapia com Animais de Estimação" foram adotadas pelas equipes de médicos e de enfermeiras do hospital, e o programa conta com o apoio entusiástico tanto dos pacientes como do quadro de funcionários.

Os animais podem rezar? Considerando que a oração implica um sentimento de amor e de ligação e a intenção de entrar em contato com o outro, talvez a resposta seja sim. Se assim for, poderia a "oração animal" ter efeitos terapêuticos? A maioria das autoridades atribuiria as influências positivas dos animais de estimação a fatores psicológicos, tais como a redução do *stress*, por ter um animal por perto. Propor uma "oração do animal de estimação" é ir longe demais. Entretanto muitos donos de animais não considerariam ultrajante supor que seu labrador, cujo amor é incondicional, está lhes enviando influências de cura semelhantes às da oração.

Por que assumir uma atitude antropocêntrica com relação à oração? Por que o Absoluto limitaria a oração ao *homo sapiens*? A oração dos animais de estimação, se provada, seria mais um passo na direção da democratização e da universalização da oração.

Na próxima vez que eu ficar doente, planejo constar nas listas de oração do maior número possível de são-bernardos.

Uma médica testa a oração

Em 1994, a estimada cachorra de quatorze anos da dra. Hilary Petit, veterinária em Sacramento, Califórnia, passou por um problema sério. Ela não conseguia ficar de pé, e tinha de se encostar numa parede ou cerca para poder andar. A dra. Petit receava tratar-se de um câncer que voltava a se manifestar. Quatro anos antes, um câncer que se desenvolvera na parte posterior do olho do cão exigira a extirpação desse órgão. A remoção do tumor fora apenas parcial, havendo necessidade de irradiação depois da cirurgia. Teria o câncer voltado a se desenvolver e espalhar, causando os problemas atuais? Para prevenir a possibilidade de que uma infecção do ouvido estivesse causando os transtornos com relação ao equilíbrio e ao deslocamento, a dra. Petit tratou o animal com antibióticos. Para prevenir outros problemas, ele também foi tratado com dramamina, esteróides e suplementos para tireóide. Nada surtiu efeito. Na realidade, os esteróides pareciam agravar os problemas.

A dra. Petit, quase desesperada, descreve o que aconteceu em seguida. "Certa noite, depois de fazer tudo para tratá-la, eu me lembro de simplesmente pedir por *qualquer* ajuda, qualquer ajuda mesmo, para que ela se recuperasse ou para que eu soubesse se o melhor não seria sacrificá-la." Foi então que a dra. Petit teve uma das maiores surpresas em sua carreira de veterinária.

> Um dia depois que eu... pedi ajuda... ela deu vários passos sem se apoiar na cerca. No dia seguinte, ela deu uns vinte passos antes de se encostar na cerca e caminhou desde o meu carro até o apartamento (uns 90 metros); a única coisa que precisei fazer foi corrigir um pouco sua direção... Ela não conseguira andar sozinha por quase seis semanas, pelo menos... Durante todo esse dia, ela ficou andando pelo apartamento, chocando-se às vezes contra a parede — depois de quatro, cinco ou seis passos ela se apoiava — mas logo corrigia ela mesma o caminho.

Paradoxalmente, a dra. Petit não estava satisfeita com a melhoria do seu bichinho de estimação.

> O triste de tudo isso é que eu tenho de admitir que me assustei muito com esse fato. Eu não conseguia conciliar a recuperação da minha cadelinha com o meu treinamento médico — em parte porque ela foi muito rápida e radical, e em parte porque eu suspendera todos os tratamentos, menos a oração. Sinto dizer que na terceira noite (depois do segundo dia de recuperação) resolvi não fazer minhas orações, levada pela consternação e pela confusão sobre o que pareciam ser as conseqüências da prece. No dia seguinte, minha cadela teve uma recaída e começou a definhar rapidamente; submeti-a a uma eutanásia duas semanas depois.

A dra. Petit estava disposta a reconhecer e a enfrentar o seu próprio medo com relação a esses acontecimentos.

> O que eu tenho guardado comigo é o seguinte: (1) Eu teria feito qualquer coisa (quando comecei a rezar por ela) para ajudá-la; assim, penso que minhas restrições habituais sobre o

> que é e o que não é possível, sobre o que é aceitável ou "permitido" em termos de resposta à oração ficaram temporariamente suspensas; (2) eu tive uma experiência clara de descrença e de rejeição com relação a sua recuperação ("isso não pode estar acontecendo") mesmo quando estava exultante com seu restabelecimento; (3) no meu esforço para conciliar o hemisfério esquerdo, tradicional e cientificamente treinado do meu cérebro com a recuperação radical, inexplicável e totalmente não-científica que acontecia diante dos meus olhos, senti um certo medo, uma espécie de reação do tipo "o que será que eu fiz?" e uma certa rejeição da idéia de que em parte eu havia provocado isso com minhas ações; e (4) embora eu tentasse (naturalmente) reverter o processo da doença retomando as orações quando ela teve sua recaída, faltou-me convicção, porque eu tinha medo de descobrir que de algum modo eu podia, pelo simples expediente da oração, produzir um resultado tão absolutamente inexplicável e extraordinário.

Esses acontecimentos fizeram com que a dra. Petit passasse por uma mudança.

> Em conseqüência dessa desordem total no meu pensamento científico, que era cercado de dogmas, comecei a fazer orações curtas sobre pequenas coisas. Por exemplo, [ao realizar uma cirurgia] nas castrações, diante da dificuldade de retirar a trompa uterina que relutasse em sair, comecei a fazer uma oração mais ou menos deste tipo, "Vamos, Deus, ajuda-me nisso, por favor"; até o presente, tenho observado que a trompa sempre sai logo à primeira ou segunda tentativa depois do pedido... Há outros [exemplos]. No mínimo, essa experiência me fez pensar muito, como, por exemplo, sobre a melhor forma de usar essa informação para benefício dos meus pacientes.
>
> Conquanto eu não tenha recebido uma educação religiosa ou espiritual, os assuntos sobre religião e "paranormalidade" sempre me fascinaram... Entretanto, apesar das muitas pesquisas, sinto que estou mais aberta à possibilidade de que alguém mais

possa fazer essas coisas, e não eu. Ótimo que você possa realizar milagres incríveis e inexplicáveis; eu aceito isso com a maior tranqüilidade. Por algum motivo, porém, eu me sinto muito pouco à vontade com a idéia de que eu possa praticar o mesmo ato. Entendo que isso não é racional; e desde a morte da minha querida cadela, comecei a repensar todas essas coisas seriamente, uma vez que tenho certeza de que, se as orações de outra pessoa causassem a recuperação da cadela ou se ela tivesse se recuperado por razões desconhecidas... eu teria aceito isso sem reservas.

Tenho uma fé muito grande na capacidade que os médicos têm de enfrentar seus medos com relação à oração. Os médicos são treinados na ciência, um método que consiste em suspender o julgamento e em abandonar o preconceito. A experiência da dra. Petit exemplifica como um médico cético pode reagir à oração. Depois de se recuperar do choque por seu encontro com o extraordinário, como uma boa cientista ela começou a fazer suas próprias experiências "fazendo orações curtas sobre pequenas coisas". Esse é um comportamento exemplar — nem aceitação pura e simples nem rejeição total, mas uma postura aberta face ao desconhecido.

Quando contemplamos os efeitos da oração, contemplamos o infinito, e é natural recolher-nos diante de algo tão imensamente maior do que nós; mas precisamos *enfrentar* o medo que sentimos nesses momentos, e não evitá-lo. Agindo dessa forma, o medo poderá tornar-se um aliado e a nossa força: o infinito a serviço do finito.

Como superar a ambivalência e a confusão relativas à oração

"Muitos cristãos rezam baixinho, com medo de que Deus os ouça realmente, porque eles, pobres criaturas, na verdade nunca quiseram ser ouvidos", disse certa vez C. S. Lewis. O medo dos resultados é um tipo de pensamento negativo sobre a oração. Existem muitos outros.

Milhões de pessoas acham a oração enfadonha, mas mesmo assim rezam porque têm medo de ser castigadas. Outras se sentem culpadas ou egoístas por rezarem por si mesmas. Elas parecem dar razão a Emerson quando diz que a oração, em geral, é um exercício de mesquinharia e ladroíce. Para algumas pessoas, a oração é, indiscutivelmente, um ato arrogante: Quem sou eu para dizer ao Universo como se comportar? Grande parte das nossas atitudes ambivalentes com relação à oração provêm da infância. Aprendemos que rezar é quase sempre falar em voz alta ou em silêncio, em geral durante um tempo relativamente longo, a um deus do sexo masculino, velho e rabugento que ouve atentamente para ter certeza de que estamos fazendo a coisa certa e que rezamos na hora marcada. Não é de admirar que sejamos ambivalentes com relação à oração!

As atitudes negativas com relação à oração na maioria dos casos são inconscientes, porque dizemos a nós mesmos que a oração é uma coisa boa e que devemos gostar de rezar. Incapazes de encarar esses sentimentos negativos, nós os reprimimos no inconsciente, onde eles continuam nos importunando quando rezamos.

Quando dizemos que gostamos daquilo que, na verdade, nos desagrada, naturalmente não estamos pensando na oração. Milhões de pessoas fazem exercícios físicos com todo o vigor e se alimentam com moderação, e odeiam profundamente fazer essas coisas. Orson Welles disse certa vez que é mais virtuoso o homem que come caviar por impulso do que aquele que come sucrilhos por princípio; o primeiro segue o próprio coração, ao passo que o segundo segue seu rígido sentido do dever. Assim acontece com a oração. A pessoa que reza poucas vezes, mas que é levada por um desejo sincero, está expressando uma autenticidade maior do que aquela que reza compulsivamente por obrigação.

Quando reconhecemos nossas atitudes ambivalentes com relação à oração, em geral nos recriminamos: "Ah, se eu fosse mais evoluído espiritualmente, não sentiria isto!" Muitas vezes, o resultado é tentar "gostar" ainda mais da oração. Essa maneira de encarar a situação não funciona porque ela reforça as atitudes negativas das quais a pessoa está tentando se livrar.

Quatro passos podem nos ajudar a resolver nossas atitudes negativas com relação à oração:

- *Não levar a prática da oração muito a sério.*

Quando noto que estou levando a prática da oração e da meditação muito a sério — achando que deveria ser mais disciplinado e "rezar de forma melhor" — procuro me lembrar de que ainda estou aprendendo. Também tenho sempre presentes duas máximas que invariavelmente me ajudam a esclarecer e a colocar as coisas no lugar: a observação de

G. K. Chesterton, "Tudo o que vale a pena fazer corre o risco de ser malfeito", e a velha piada, "Como fazemos Deus rir? Simplesmente contando-lhe nossos planos". Comentários como esses podem lembrar-nos de algo que freqüentemente esquecemos: O Universo não depende da qualidade da nossa oração.

- *Entenda que as atitudes negativas com relação à oração são universais.*

Os santos e os místicos de todas as grandes religiões se queixaram da oração uma vez ou outra. Como nós, eles achavam difícil perseverar na oração, e lamentavam a própria fraqueza. Confessando suas falhas durante a oração, John Donne disse, "Eu me tranco no meu quarto... e convido a Deus e seus anjos; quando eles chegam, o zumbir de uma mosca, o sacolejar de uma carruagem ou o ranger de uma porta desviam deles a minha atenção".

Se às vezes achamos que somos um fiasco ao rezar, devemos nos lembrar de que isso já aconteceu às pessoas mais ilustres.

- *Lembre-se de que existem muitos tipos de oração e inúmeras maneiras de rezar.*

Quando temos dificuldade com um método, devemos pesquisar outros. Se as orações de "súplica" — orações de pedido e intercessão — parecem pouco apropriadas, podemos nos dedicar a outros tipos, como as orações de adoração, de celebração e de agradecimento. Para a maioria das pessoas, essas orações são mais leves. Elas podem dar nova vida à nossa oração quando ela se torna um dever melancólico.

- *Lembre-se de que a oração não é apenas uma questão de* fazer *alguma coisa, mas também um modo de* ser.

Como Dorothy Day observa, "Terá Deus uma forma fixa de oração, um modelo que ele espera que sigamos? Duvido.

Eu acho que algumas pessoas — ou melhor, muitas — rezam dando testemunho de sua vida, através do trabalho que realizam, das amizades que têm, do amor que oferecem às pessoas e que delas recebem. Desde quando as palavras são a única forma aceitável de oração?"

A oração pode assumir uma forma de devoção — uma atitude, um estado mental em que sentimos uma ligação sagrada com o Absoluto. A devoção vai além da cabeça inclinada e do joelho dobrado, e de todos os *tus* e *vós*. Ela pode estar presente não apenas na igreja, mas também enquanto cortamos a grama, lavamos os pratos ou levamos os filhos para o futebol. Por meio da devoção, podemos rever nossas atitudes negativas com relação à oração formal e ritualizada. Na devoção, sentimentos sagrados afloram naturalmente das profundezas do nosso ser, como uma fonte límpida brotando na encosta de uma montanha. A devoção leva-nos de volta à oração, mas à oração transformada, a uma oração tão espontânea e natural quanto o alvorecer.

Quem pode se beneficiar com a oração?

Nas experiências relacionadas com os efeitos da oração nos seres humanos, os pesquisadores descobriram que a oração de intercessão era eficaz mesmo quando o receptor *não sabia* que a oração estava sendo dirigida a ele. Além dos estudos com seres humanos, muitas experiências mostram também que uma variedade de organismos inferiores (bactérias, fungos, levedura, sementes, ratos, camundongos e diversos tipos de células) podem tornar-se saudáveis pela oração. Essas criaturas, é claro não *sabem* que a oração é para elas. Por certo, elas não são religiosas e não "acreditam" na oração.

Freqüentemente ouvimos dizer que, quando alguém reza por nós, devemos "deixar que a oração faça a sua parte". As experiências, porém, indicam que a oração de intercessão é eficaz mesmo quando o receptor não tem consciência dela. Isso significa que não podemos controlar conscientemente os efeitos das orações que alguém faz por nós.

Podemos, entretanto, reforçar o efeito da oração com a crença. Isso se aplica a muitas áreas da vida, inclusive à medicina moderna, em que os médicos fazem uso positivo da crença o tempo todo. Quando um médico receita uma medicação a um paciente e enfatiza que ela será eficaz, isso ativa efeitos físicos reais devidos à sugestão e à expectativa — a reação placebo. Esses efeitos positivos parecem intensificar todos os princípios ativos da medicação. O mesmo acontece com a oração: seus efeitos são reforçados pela crença e pela fé.

Isso é suficiente para o receptor. O que dizer da pessoa que reza? Se eu estou rezando por você, preciso acreditar que a minha oração será eficaz? Muitas experiências com a oração e com estados de consciência correlatos indicam que a crença positiva é de importância vital. No campo da parapsicologia, em que as pessoas conseguem causar efeitos a distância com a força do pensamento, há muito sabe-se que as "ovelhas" (os que acreditam que os efeitos a distância são possíveis) têm maior probabilidade de alcançar resultados mais significativos nos testes do que os "bodes" (os céticos que não acreditam nessa possibilidade).

Particularmente penso que "oração descrente" é um termo contraditório. Eu não consigo ver como alguém possa rezar verdadeiramente e ao mesmo tempo não acreditar nos efeitos positivos da oração.

Algumas pessoas pensam que *crença* e *fé* na oração são a mesma coisa, o que não é verdade. A fé foi chamada de "a substância do que se espera, um meio de demonstrar as realidades que não se vêem" (Hb 11:1). Diferentemente da fé, a crença geralmente se baseia nas coisas que *são* vistas e que podem ser demonstradas. Na minha própria vida, a evidência experimental de que a oração funciona quando testada no laboratório criou em mim uma forte *crença* de que a oração funciona. Minhas crenças baseiam-se na evidência empírica e não na fé cega. Mas a minha crença na oração não diminui a minha *fé* nela. Existem muitos mistérios cercando a oração, mistérios que a ciência ainda não esclareceu e que talvez nem possa esclarecer — e no entanto eu continuo tendo fé.

Se a sua crença e fé na oração titubeiam, não se castigue

por suas dúvidas. Acima de tudo, não se force a acreditar na oração. Deixe que suas crenças fluam ao acaso; não as pressione; deixe que se desenvolvam naturalmente. Quando chegar o momento de acreditar mais firmemente na oração, você acreditará.

Se você tentar elaborar uma crença, ela não será autêntica. Os psicólogos falam da "ligação dupla", uma situação em que você está sempre errado, quer se volte para um lado que se volte para outro. O exemplo clássico de uma ligação dupla é aquela do pai controlador que diz o seguinte ao filho pequeno, "Querido, você *tem* de me amar, porque todos os bons filhos amam seus pais!" O pai está exigindo que o menino faça alguma coisa que só é autêntica quando ela não é exigida, quando surge naturalmente. Se ele atende a uma ordem, o amor não é genuíno, falhou; mas se ignora a ordem e realmente rejeita o pai ou a mãe, erra também. Em qualquer dos casos, ele é um filho mau — uma ligação dupla. Uma situação idêntica surge quando dizemos a nós mesmos que devemos acreditar na oração, pois, caso contrário, somos um fracasso do ponto de vista espiritual.

Acreditar ou não na oração? Nao devemos ser muito inflexíveis a esse respeito. Para fazer efeito, a oração não precisa que nós como receptores, acreditemos nela. Faríamos bem em dar ouvidos à sabedoria do adolescente de rua e "pegar leve" nessa questão, lembrando a observação do escritor britânico G. K. Chesterton: "Os anjos voam porque se tratam com alegria."

Quando precisarmos rezar, rezaremos

As pessoas muitas vezes me perguntam, "Eu devo rezar?" Do meu ponto de vista, isso é o mesmo que perguntar se você deve beber água ou se alimentar, respirar, dormir, fazer amor. Quando você *realmente* precisa fazer isso, a pergunta responde a si mesma.

Quando as crianças aprendem a andar, elas não perguntam antes se é certo ou não fazer isso. Elas simplesmente andam porque é natural! Crianças normais não podem deixar de andar. Andar é simplesmente o que as crianças fazem.

A oração é tão natural quanto andar. É um erro preocupar-se em demasia se devemos ou não orar. Viver perguntando se se deve ou não rezar é o que os budistas chamam de "pôr pernas numa cobra". As pernas são completamente desnecessárias e só atrapalham. De acordo com outro ditado budista, "Quando você estiver caminhando, caminhe. Quando você estiver sentado, sente-se. Não vacile!" Em outras palavras, não hesite entre fazer e não fazer. Essa é uma lição valiosa para práticas espirituais como a oração.

O psicólogo e teólogo Sam Keen advertiu com relação à "gagueira espiritual", ou seja, à mania de pôr uma série interminável de obstáculos entre nós e a nossa meta espiritual. Uma das maneiras de evitar a gagueira espiritual é rezar quando sentimos que devemos rezar, quando o ato de rezar parece total e absolutamente certo, quer isso ocorra com freqüência maior ou menor. Desse modo podemos evitar as fórmulas e obrigações, que apenas atrapalham.

Há alguns anos, estive num restaurante jantando com Paulos Mar Gregorios, então presidente do Conselho Mundial de Igrejas. Acompanhava-nos também uma jovem briguenta, resolvida a discutir com ele. Tentando provocá-lo, ela declarou, "Eu não acredito em Deus!" O dr. Gregorios respondeu com um sorriso amável e compassivo, dizendo gentilmente, "Não se preocupe. Se precisar, você acreditará!" A oração é assim. Quando precisarmos rezar, nós rezaremos.

Quando a oração se torna uma atividade tão natural quanto andar, ela deixa de ser uma rotina maçante. Quando isso acontece, é como se não rezássemos mais — pelo contrário, é como se rezassem por nós. Diz-se que São Francisco era uma pessoa assim — alguém que não rezava mas que era tomado e envolvido pela oração. Como disse Richard Foster, Francisco não "parecia um homem rezando, mas a própria oração transformada em homem".

Rezar de uma maneira planejada é como tentar respirar de propósito. Quem quer que tenha controlado a própria respiração descobriu quase de imediato que ela funciona melhor quando a deixamos agir por si mesma. Para que algumas coisas funcionem melhor, basta que saiamos do seu caminho.

Mas quanto devemos nos afastar? Alguns mestres espirituais sugerem que devemos deixar o caminho da oração totalmente livre. Como o monge beneditino Irmão David Steindl-Rast diz, "Enquanto você souber que está rezando, você não está rezando adequadamente".

Você deve rezar? Se precisa perguntar, provavelmente você já começou.

Não existe uma maneira melhor de rezar

Do ponto de vista moral, um método [de oração] não é melhor do que o outro; moralmente, a coisa certa a fazer é ser honesto.... O que é certo para uma pessoa nem sempre é certo para outra. As pessoas... devem cuidar para não ser presunçosas;... isso reduzirá o efeito da cura.

-Deborah Rose

Quando alguém numa platéia perguntou a uma famosa teóloga como rezar, ela respondeu, "É muito simples. Pergunte a Deus". Esse é um dos conselhos mais importantes sobre o modo de rezar: devemos descobrir o método que seja melhor para nós. Na oração, não existem fórmulas; não existe maneira melhor; um tamanho não serve para todos.

"As pessoas perguntam: Que tipo de oração devo fazer?", relata Deborah Rose, ex-vice-presidente da Spindrift, Inc., uma instituição que pesquisa a oração há mais de duas décadas.

> Católica, protestante, judia, não-verbal? Pedirei alguma coisa ou simplesmente tentarei ficar aberto?... Isso é como perguntar: Que tipo de instrumento devo tocar? Violino? Harpa? Piano?

Tudo depende da sua individualidade, das suas circunstâncias, da sua educação, de suas inclinações. O que convém a você? É importante desenvolver um estilo de oração... com o qual você se sinta à vontade. Também é bom lembrar que o estilo de sua oração mudará de tempos em tempos. Diante da morte, as pessoas rezam de modo diferente de quando rezam na igreja ou ou de quando agradecem... O que é importante é a qualidade e a harmonia da música, não o instrumento que a produz.

Os estudos que cito ao longo deste livro não mostram apenas que a oração é eficaz; eles revelam também claramente que há mais de uma forma de rezar. Vários métodos são eficazes. Pode-se rezar por um resultado específico, como um aumento da atividade do sistema imunológico. Por outro lado, pode-se usar uma abordagem geral do tipo "Seja feita a vossa vontade" ou simplesmente rezar, "Que aconteça o melhor". Podemos usar palavras ou o silêncio; podemos rezar a distância ou ao lado da cama. Todos esses métodos produziram resultados positivos quando foram submetidos a testes. Existem, inclusive, evidências de que podemos rezar enquanto sonhamos. Portanto, embora as pessoas ao longo da História buscassem o único caminho verdadeiro para a oração, elas não tiveram sucesso, porque não existe uma "fórmula de oração".

Certamente que isso não nos agrada. Na vida moderna, passamos a acreditar muito em especialistas que têm as respostas de que precisamos. Em todas as categorias da experiência humana, consultores e especialistas brotaram como joio na primavera. Quando queremos soluções, nomeamos uma comissão, convocamos uma assembléia ou contratamos uma equipe de profissionais. Essa crença no conhecimento dos especialistas dá o tom de nossos pressupostos sobre a oração. Sem dúvida, dizemos a nós mesmos, deve haver pessoas — ministros, padres, rabinos, santos, místicos — que saibam qual é a melhor forma de rezar.

Na questão da oração, temos de ser nossos próprios consultores. Isso não significa que não possamos nos beneficiar com as observações e experiências dos outros; mas, em algum momento, devemos deixar seu conselho de lado, mergulhar e descobrir nossa própria e única visão com relação à oração.

O que dizer do conselho da teóloga de "perguntar a Deus" sobre o modo de rezar? É como se um consultor celeste estivesse esperando para nos dar todas as respostas; mas perguntar a Deus não significa olhar para fora de nós e "para o alto". Quando perguntamos ao Absoluto como rezar, voltamo-nos *para dentro* porque, se o Todo-Poderoso é onipresente, ele também habita dentro de nós. Como o mitólogo Joseph Campbell comentou, "O reino do céu está dentro de nós. Quem está no céu? Deus! Isso significa que Deus está *dentro de nós*!" Voltando-nos para dentro de nós mesmos, nos tornamos os nossos próprios sumos sacerdotes.

O filósofo e escritor James W. Jones narra um conto da antiga Índia que expressa admiravelmente a sabedoria que cada um de nós tem. De acordo com a lenda, os deuses estavam discutindo sobre qual o melhor lugar para esconder o segredo da vida, de forma que os homens não o descobrissem. "Enterrem-no debaixo de uma montanha", sugeriu um dos deuses, "jamais o encontrarão lá". "Não", opuseram-se os outros, "algum dia descobrirão um jeito de cavar e revelar o segredo da vida". "Depositem-no nas profundezas do oceano mais profundo"; sugeriu outro deus, "lá ele estará seguro". "Não", disseram os demais, "algum dia a humanidade irá descobrir um modo de descer às profundezas dos oceanos e o encontrarão". "Coloquem-no dentro deles mesmos", disse um terceiro deus, "os homens e mulheres jamais pensarão em procurá-lo nesse lugar". Todos os deuses concordaram. Diz-se então que os deuses esconderam o segredo da vida dentro de nós.

Como você deve rezar? Não se preocupe muito com isso.

Deixe de lado suas idéias de certo e errado. Experimente métodos diferentes, e seja gentil e compassivo consigo mesmo ao fazer isso. Quando seu ritual de oração parecer desajeitado e inadequado, sorria, dê-se umas palmadas nas costas, e continue rezando.

Rezar mais nem sempre é melhor

Há uma velha piada sobre um fazendeiro do oeste do Texas cujos negócios com gado estavam indo mal devido à seca e aos preços irrisórios da carne. Seu rebanho estava morrendo, seus poços estavam secos, e os preços da carne continuavam caindo. O preço que recebia por uma vaca não compensava o esforço de vendê-la. Certo dia, um fazendeiro vizinho que vivia o mesmo dilema, foi visitá-lo para um bate-papo. Encostando-se num mourão da cerca, ele diz, "As coisas não podem piorar. Como vamos continuar o nosso negócio?" O velho fazendeiro respondeu confiante, "Vamos investir ainda mais".

Muitas vezes aplicamos o mesmo princípio à oração. Rezar mais deve ser melhor. Assim, tentamos abafar nossos problemas com mais orações, como se a oração fosse algum tipo de *ketchup* que pode cobrir todos os sabores desagradáveis da vida, bastando para isso que abusemos dela. Uma olhadela na História deve mostrar-nos que estamos equivocados quanto a isso. Existiram muitos santos e místicos de saúde frágil que viveram pouco, embora tenham passado a vida toda rezando, enquanto muitas pessoas que jamais balbuciaram uma única oração nunca ficam doentes e têm uma vida longa. Quando se trata da oração, mais nem sempre é melhor.

Foi *sir* Francis Galton, o eminente cientista inglês do século XIX, quem realizou o primeiro estudo científico sobre a oração. Ele queria saber se aqueles que recebiam mais orações — a realeza, os chefes de Estado e a alta hierarquia do clero — viviam mais tempo. Galton descobriu que, embora essas pessoas fossem inundadas de orações, sua longevidade não era maior, e concluiu que a oração não torna a vida mais longa. (Seu estudo, porém, apresentava muitas falhas. Basta citar o fato de que a realeza estava exposta a um dos maiores riscos à saúde da época — a atenção constante dos médicos. Além disso, podia haver pessoas que rezassem *contra* eles também, o que Galton aparentemente nunca levou em consideração.)

O que dizer se a oração trabalha como a homeopatia? O que dizer se, contrariamente à razão, o menos é mais? Nesse caso, deveríamos rezar parcimoniosamente, mas com muita, muita atenção — rezar raramente, mas bem.

Não estou propondo que se reze menos em vez de mais; tenho certeza de que em alguns casos é mais prudente rezar com freqüência. Estou sugerindo, entretanto, que a oração está cheia de mistérios e que devemos prestar mais atenção à *maneira* como rezamos do que na *freqüência* com que fazemos isso — qualidade e também quantidade.

Hoje em dia, muitos laboratórios farmacêuticos produzem medicamentos sem marca registrada, que são muito mais baratos do que os produtos de marca das empresas maiores. Embora esses remédios mais baratos contenham a mesma quantidade de substância ativa, em alguns casos foi comprovado que eles percorrem os órgãos intestinais sem se dissolver. Eles são eliminados pelo organismo, inteiros e inalterados, exatamente como foram ingeridos. Esses medicamentos não têm valor nenhum. Você pode consumi-los a toda hora, sem nenhum benefício.

Quando rezamos, nossas orações "fazem efeito"? Ou elas se mantêm tão ineficazes como quando as pronunciamos? Elas podem soar autênticas — conter as palavras adequadas, ter sido prescritas por autoridades espirituais, podem provir, inclusive, de livros sagrados ou de manuais de orações — mas nunca se tornam eficazes.

Nós, norte-americanos, geralmente acreditamos que, se trabalharmos com afinco e durante um longo tempo, poderemos superar os obstáculos e alcançar nossos objetivos. Muitas vezes levamos essa idéia para nossa vida de oração; mas, com a oração, maior dedicação nem sempre é sinônimo de maior sagacidade, e maior quantidade não é invariavelmente o melhor.

O que *é* melhor? Podemos identificar um ingrediente essencial na oração que seja necessário para que ela seja eficaz? Nas estatísticas das experiências científicas que tratam da oração e de estados de consciência próximos da oração, uma das qualidades mais importantes parece ser o *amor* — compaixão, empatia, atenção profunda. O amor implica libertar-se, aventurando-se para fora do eu, rompendo as barreiras que nos separam dos outros. Outros estudos sugerem que um tipo especial de liberação também é importante — o abandono dos resultados preferidos. Nessas experiências, quando rezamos "Seja feita a vossa vontade", em que não ditamos os termos mas apenas pedimos o bem maior e mais elevado, a oração geralmente se mostra mais eficaz.

Amor sem expectativas: sem ele, as orações não "fazem efeito".

Rezar em particular ou em público é uma questão de temperamento

Você é uma pessoa introvertida que prefere a solidão, ou alguém extrovertido que gosta da companhia dos outros? A maioria de nós tem um temperamento ou um estilo de personalidade predominante, e essas diferenças afetam o nosso modo de rezar.

A oração em grupo ou "coletiva" tem determinadas vantagens. Pode ser bom reunir-se com outros que partilham nossas crenças, valores e objetivos. Por outro lado, muitas pessoas profundamente voltadas às coisas do espírito preferem "entrar no seu quarto" e rezar em solidão, como Jesus mandou em Mateus 6:6.

Essa questão, quanto à melhor maneira de orar, se em grupo ou em particular, tem relação com a questão em que se tenta definir se uma maior quantidade de oração é mais eficaz. É melhor juntar nossas orações com as dos outros e rezar em equipe? Algumas das tentativas mais interessantes para responder a essa questão partem dos pesquisadores da Meditação Transcendental (MT). Eles vêm realizando vários testes em que a qualidade de vida numa comunidade — o nível de crimes violentos, do consumo de álcool e de drogas, de roubo, e assim por diante — é avaliada antes e depois da prática da meditação em grupo. Esses estudos indicam fortemente que a meditação, quando praticada com mais freqüência, produz melhores resultados.

Há muito sou fascinado por essas experiências, que foram divulgadas em publicações científicas de renome. Quando fui convidado pela Universidade Internacional Maharishi, de Fairfield, Iowa, onde muitos pesquisadores de MT moram e lecionam, eu lhes perguntei, "Se a oração e a meditação são eficazes a distância, como indicam as pesquisas, por que vocês precisam se reunir em grupo para alcançar esses efeitos?" "Porque assim podemos nos concentrar melhor e porque é bom", foi a resposta simples e sábia. A meditação em grupo aumentava sua disciplina, fazendo-o realmente se envolver nessa prática. Estar junto elevava o estado de espírito e a energia da oração em grupo. Qualquer pessoa que tenha participado de rituais de grupo compreende a sensatez dessa postura.

O teólogo e físico britânico John Polkinghorne, presidente do Queen's College, em Cambridge, apresentou uma base interessante do porquê a oração em grupo pode ser recomendável. Ele invoca a metáfora do raio *laser*. A luz *laser* é poderosa porque é "coerente"; isto é, todos os altos e baixos das ondas que formam a luz estão em harmonia. "Eu acho que a coerência divina e humana na oração... pode tornar as coisas possíveis, o que não aconteceria se nós e Deus tivéssemos propósitos diferentes", observa Polkinghorne. "É apropriado incentivar muitas pessoas a rezar pela mesma coisa; não porque há mais punhos batendo na porta do céu, mas porque há mais vontades que se harmonizam com a vontade divina" — mais coerência, mais ordem, mais força, como a luz do *laser*.

No decorrer da História, os mestres da oração há muito reconheceram que se deve levar em conta as diferenças de temperamento humano. Séculos atrás, certos manuais de oração europeus distinguiam duas formas de oração: a de Maria e a de

Marta. O modo de Maria rezar era solitário, silencioso, contemplativo: rezar para ela era um modo de ser, não um modo de fazer. Em contraposição, o modo de rezar de Marta era mais ativo e público. Ele envolvia recitações, exercícios verbais e o uso de certas imagens — um modo de fazer além de um modo de ser. Essas estratégias de oração refletiam uma compreensão aguçada de diferentes temperamentos. Elas antecipavam os conceitos de introversão e extroversão que só foram introduzidos por C. G. Jung na psicologia moderna no século XX.

O que é melhor: a oração particular ou a oração em grupo? Uma e outra dependem do nosso temperamento, de nossos estilos de personalidade, de nossas inclinações naturais.

Para saber rezar é preciso que nos conheçamos.

Podemos rezar sonhando

Ao longo da História, muitas vezes as pessoas tentaram rezar durante o sono e em seus sonhos. Tome-se, por exemplo, o caso de Peregrino Laziosi, um respeitado sacerdote católico que viveu na Itália de 1260 a 1345. Com um dos pés tomado pelo câncer, Peregrino já estava com data marcada para a amputação. As amputações na Itália do século XIV eram horríveis; a pessoa, em estado consciente, via uma parte do seu corpo ser decepada ou serrada com um instrumento. Conta a história que Peregrino, antes de dormir, rezou para que a cura ocorresse no decorrer da noite. Durante o sono, uma visão revelou-lhe que estava curado, fato que constatou efetivamente ao acordar. A cirurgia foi cancelada e Peregrino passou o resto da vida ajudando os cancerosos. Ele foi canonizado como São Peregrino em 1726, e hoje é considerado o santo padroeiro dos pacientes de câncer.

Muitas pessoas religiosas sentem grande dificuldade para aceitar a idéia de uma oração inconsciente. Depois da publicação do meu livro *As Palavras Curam*, a produção de uma rede de televisão cristã, com transmissão via satélite para o mundo inteiro, convidou-me para uma entrevista. Antes do programa, o apresentador procurou saber que idéias eu pretendia expor diante das câmeras. Ele sabia que eu não tinha ligação com nenhuma religião em particular, e se mostrava preocupado com a minha visão da oração. Perguntou-me se eu estava interessado em falar sobre algum tópico específico relativo à oração. Respondi que o papel da mente inconsciente na oração me fascinava de modo particular, especialmente naqueles casos em que a cura acontece durante o sono, como na experiência de São Peregrino. Disse ainda que achava que os espectadores se interessariam por esse aspecto pouco conhecido da oração. O apresentador ficou horrorizado; empalideceu, e por um momento ficou mudo. "Ah, não!", conseguiu finalmente gaguejar. "Não podemos falar sobre isso!" Eu havia ido além das fronteiras, entrado no domínio do inconsciente. Respeitei o desejo do meu anfitrião e não entrei na questão da oração durante o sonho.

Por que algumas religiões suspeitam tanto da mente inconsciente? Em geral, elas parecem acreditar que, quando sonhamos ou meditamos e nos "tornamos vazios", tudo pode acontecer, inclusive tornarmo-nos presas do mal sob qualquer forma concebível. Abrir o inconsciente é um convite à catástrofe espiritual, pensam elas, e nós precisamos ser sempre vigilantes. (Poderíamos perguntar se esse ponto de vista leva o devoto a privar-se do sono.)

Esses medos derivam de alguns pressupostos imprecisos, como a idéia de que o inconsciente é um espaço vazio. Qualquer pessoa que tenha penetrado no inconsciente sabe que ele não está vazio. O inconsciente traz em si uma vida intensa, e nunca repousa. Não entendendo isso, os contestadores religiosos o consideram um estado em que nos tornamos indefesos e impotentes, isto é, alvo fácil de um grande número de influências negativas.

Encontramos atitudes negativas com relação ao inconsciente também na obra de Sigmund Freud. Para ele o inconsciente é o repositório de desejos patológicos e de fantasias reprimidas. Freud é considerado um dos maiores inimigos da religião no século XX. A desconfiança com relação ao inconsciente cria parcerias inesperadas.

Apesar dessa suspeita bastante difundida, muitos exemplos, como o de São Peregrino, indicam que a mente inconsciente pode ter relações profundas com a oração e com a cura, e isso pode não ser surpresa. Durante o sono e os sonhos deixamos de lado nossos egos e nossas defesas psicológicas. Como conseqüência, a oração não precisa lutar contra o ceticismo e a dúvida que estão presentes no estado de vigília. Nos sonhos, tudo parece possível, e os milagres acontecem. Talvez seja por isso que os sonhos muitas vezes parecem ser uma das formas mais eficazes de oração.

Orações e sonhos relacionam-se numa infinita variedade de maneiras, como na experiência seguinte:

> Em dezembro de 1992, recebi um diagnóstico de câncer maligno na bexiga com ramificações nos gânglios linfáticos. Dirigi-me imediatamente à Clínica Mayo para obter uma segunda opinião. Também lá os especialistas recomendaram cirurgia imediata — remoção da bexiga e da próstata — com o que concordei. Depois da minha convalescença, os médicos recomendaram insistentemente que eu me submetesse à quimioterapia, para prevenir uma possível remoção incompleta do câncer. Acabei não seguindo essa orientação, preferindo adotar outros métodos naturais que eu conhecia e nos quais acreditava.
>
> Na segunda noite depois de começar a seguir esses métodos, tive uma conversa com Deus. Eu disse a Ele que eu acreditava absolutamente que estava fazendo a coisa certa, que eu estava ou que ficaria totalmente curado, e que queria que ele confirmasse essa cura num sonho, com um sinal claro e inequívoco.
>
> Eis o sonho: eu viajava num carro por uma estrada do interior. Olhando pela janela, vi uma luz aparecer subitamente no céu. A luz foi se tornando cada vez mais clara, a ponto de iluminar to-

do o universo. Excitado, voltei-me para o motorista, e disse, "É a luz dele! É a luz de que fala a Bíblia... É o sinal dele!" Eu acordei sabendo que havia recebido o sinal de Deus, que eu estava fazendo a coisa certa, e que eu ficaria curado, se já não estivesse.

Estou completamente livre do câncer. Mesmo o meu cético oncologista não encontrou nenhum sintoma ou sinal. Essas experiências despertam em mim um sentimento de humildade e de bênção divina.

Ao longo da História humana, os sonhos levaram muitas pessoas a descobrir o sentido de sua existência — saber como proceder na vida. Veja o seguinte relato:

Meu marido e eu havíamos perdido o emprego no período de dois anos. Com quatro filhos para sustentar, nossa vida ficara muito difícil. Para o meu marido, a crise era sobretudo profissional. Não conseguindo achar trabalho, ele planejava abrir o seu próprio negócio. Para mim, a questão era basicamente espiritual. Eu passara os três últimos meses desde a perda do emprego numa busca interior — lendo, meditando, caminhando, pensando — ansiando por encontrar uma direção para o meu próximo "trabalho de vida".

Então tive um sonho. Eu dirigia por uma auto-estrada muito escura. Não havia nenhuma outra luz ou veículo na rodovia. De repente, a distância, vi os dois faróis brilhantes de um carro vindo na minha direção — na minha pista! Tive tempo de pensar e de tomar uma decisão sobre a melhor maneira de evitar um choque frontal. Embora soubesse que o costume era ir para a direita, julguei que, naquele caso, a melhor escolha seria tomar a esquerda. Levei o carro para o acostamento e parei; depois que o outro veículo passou, eu disse a mim mesma, "Uau, espero que ele perceba que está indo para o lado errado, e volte". Logo que me pus novamente em movimento, vi a distância muitos faróis brilhantes vindo na minha direção. Dessa vez percebi que era eu que estava indo na direção errada! Novamente, tive tempo de pensar e decidir. Dei rapidamente a volta e me afastei com segurança.

Quando acordei, pensei sobre o sonho, mas não busquei nele nenhum sentido nem interpretação. Mais tarde naquela noite, durante minhas orações noturnas, sentindo-me insegura e incerta, pedi que eu recuperasse a confiança. Logo que expressei esse desejo, percebi que minha oração fora atendida! E compreendi que a mensagem do meu sonho dizia que eu costumava seguir a direção errada, mas que agora estava tomando o rumo certo.

Podemos realmente rezar durante o sonho? Muitos pesquisadores contemporâneos na área do "sonho lúcido" dizem que sim. Sonho lúcido é um estado em que sabemos que estamos sonhando; com freqüência, esse estado envolve também o controle voluntário do conteúdo do sonho. A pessoa interessada em aprofundar esse campo fascinante deve saber que o mercado dispõe de livros escritos por pesquisadores como Stephen LaBerge, Jane Gackenbach, Robert van de Castle, e muitos outros. Os parapsicólogos e pesquisadores Stanley Krippner e Montague Ullman realizaram experiências de laboratório que indicam que podemos ter informações específicas durante os sonhos, e que essas também podem ser intercambiadas intencionalmente com outras pessoas a distância. Essa pesquisa mostra que o conteúdo dos sonhos não se constitui no ruído aleatório sugerido por alguns cientistas.

Ao longo da História humana, sonhos e orações noturnas eram comuns na vida dos sumos sacerdotes, dos xamãs e dos videntes de todas as culturas. A maioria das culturas considerou os fenômenos oníricos como portas para os deuses. Mesmo na Bíblia, os sonhos eram considerados fios condutores da sabedoria do Todo-Poderoso para os humanos. Um dos obstáculos modernos a esses costumes antigos é a idéia de que a oração deve ser sempre uma atividade de *vigília* envolvendo palavras, recitações, rituais, e a presença numa catedral, igreja ou sinagoga. Certamente essas atividades fazem parte da oração, mas elas não são o todo em si.

Meister Eckhart, místico cristão do século XIII, disse, "Em toda a criação, nada é tão semelhante a Deus como a quietude" — incluindo, podemos presumir, a quietude dos sonhos.

Um vislumbre do infinito

Um dos maiores fardos que carregamos é a certeza de que a vida terminará tragicamente com a morte. Esse medo se enraíza na crença de que o tempo flui, à semelhança de um rio, e que nos leva irreversivelmente para a extinção. A morte espera todos; ninguém escapa à devastação do tempo.

Apesar da sensação comum de que o tempo está fluindo, num processo de mão única, nenhuma experiência em toda a história da ciência jamais mostrou que o tempo flui. Isso surpreende muitas pessoas, que supõem que os cientistas há muito resolveram as questões básicas sobre o tempo. De fato, a natureza do tempo é um tema que provoca debates acalorados entre os cientistas, sem nenhuma solução à vista. Não espere obter respostas definitivas dos homens da ciência sobre o que seja o tempo. Alguns pesquisadores, como o Prêmio Nobel Ilya Prigogine, procuram restabelecer a linearidade e a direção do tempo, em coerência com o senso comum. Outros, como o Prêmio Nobel Richard Feynman, declararam que a natureza do tempo é simplesmente "muito difícil", indicando que podemos continuar sem respostas para essas questões por um longo tempo ainda. O físico John Hagelin, uma autoridade numa área da física chamada teoria das cordas, acredita que o tempo não é feito de unidades sucessivas, como segundos, minutos e horas. Antes, afirma ele, "A única unidade natural do tempo é a Eternidade".

A vida está destinada a acabar tragicamente com a morte? Depende das respostas que dermos com relação à natureza do tempo. Se o tempo não flui como supomos, talvez devamos ver de outra forma o significado da morte. Isso não significa que a morte não aconteça, mas que o seu significado pode ser diferente do que em geral supomos. Ela pode não ser o fim absoluto que pensamos que é.

Como podemos decidir? Em vez de rezar para não morrer, talvez possamos rezar por uma compreensão diferente do tempo — o tempo como eternidade, em vez de um processo em fluxo sempre apontando para a aniquilação. Se a oração nos proporcionar a experiência de um tempo livre de fluxo, talvez ela possa neutralizar nossa sensação de tragédia.

A oração *pode* nos dar certa idéia da eternidade. Durante a oração, muitas vezes sentimos que o tempo pára, e por um momento temos um vislumbre do infinito. Essa percepção pode estender-se para além da oração para cada momento de vigília. É possível que essa nova forma de ser no tempo se torne tão real que nos sintamos continuamente imortais. Para os que adquiriram essa consciência, a imortalidade não é uma possibilidade teórica, mas uma certeza. Essa é uma das formas pelas quais a oração anula a tragédia — não impedindo que ocorram eventos negativos, mas modificando o impacto que esses eventos causam sobre nós por meio da transformação do nosso sentido do tempo.

Mais do que dedicar tempo à oração, talvez devamos dedicar a oração ao tempo — não o tempo em fluxo do qual são feitos nossos medos e ansiedades, mas o tempo que é infinito e eterno.

Por que a oração não pode erradicar toda a tragédia do mundo? Talvez ela já esteja fazendo isso — bem a tempo.

Perdoar a nós mesmos por adoecer

Disse-me uma vez um paciente: "Se eu estivesse mais à frente no caminho espiritual, a biópsia teria sido negativa." Por que nos culpamos por adoecer? Dou a esse sentimento o nome de culpa da Nova Era; atualmente, esta é uma verdadeira epidemia na nossa sociedade. As acusações podem também provir de outras pessoas, e nesse caso eu as chamo de censura da Nova Era.

Sem dúvida, a doença *pode* ser um reflexo da psique. Por exemplo, as pessoas cujo trabalho produz um alto grau de *stress* psicológico e que não têm controle sobre as exigências de suas atividades apresentam uma incidência maior de ataques cardíacos. Ainda, sabe-se muito bem que as pessoas oprimidas por uma sensação de *stress* e ansiedade, as pessoas cínicas e irritadiças com relação à vida em geral — as assim chamadas personalidades do tipo A — têm mais probabilidade de morrer mais jovens, de problemas cardíacos.

Mas exemplos como esses não significam que *todas* as doenças tenham relação com problemas psicológicos ou com deficiência espiritual. Muitos santos e místicos de grande valor morreram de doenças horríveis, às vezes jovens. Como a teóloga Karen Armstrong observa em seu livro *Visions of God*, "O misticismo pode apresentar sérias ameaças à saúde. À vida mística devia ser associada uma advertência: pode ser muito prejudicial à sua saúde física e mental". Se o fato de "ser religioso" imunizasse a pessoa contra a doença, os santos e místicos deveriam ter tido uma vida longa e saudável. A constatação de que com freqüência eles não tiveram mostra que se pode alcançar grandes alturas espirituais e, mesmo assim, ficar muito doente.

Por que as células do estômago de Ramana Maharshi, o santo mais amado da Índia moderna, se tornaram cancerosas, e por que esse homem de Deus teve uma morte dolorosa provocada por câncer no estômago? Por que Buda, o Desperto, morreu por envenenamento alimentar? Por que Santa Teresa de Ávila sofria de artrite? Ou por que nossa biópsia foi positiva — apesar de termos talvez realizado um grande trabalho espiritual na vida? Em cada caso, as células do corpo estão apenas sendo elas mesmas, fazendo o que células fazem, o que às vezes envolve mau funcionamento.

Nos últimos cinqüenta anos, cientistas e médicos descobriram as relações mais profundas entre a mente e o corpo. Essas descobertas, por mais maravilhosas que sejam, não devem ser ampliadas em demasia. A relação entre saúde mental e saúde física é geral, não invariável. Mesmo que realizemos nossas tarefas espirituais, isto *não* garante que sejamos agraciados com boa saúde.

No primeiro versículo do primeiro capítulo do livro de Jó, lemos, "Jó... era... perfeito". E mais adiante, "Apesar de tudo isso, Jó não cometeu pecado". A história de Jó mostra que a perfeição, os infortúnios da vida e a saúde física podem andar juntos. Às vezes, as células do nosso corpo vão ser apenas elas mesmas e desorganizar-se, por mais evoluídos espiritualmente que sejamos.

Quase todos nós, mais cedo ou mais tarde, passamos pela

experiência da doença. Quando fazemos as perguntas inevitáveis — Por que isso está acontecendo comigo? Por que eu? — devíamos resistir à tentação de nos culpar por causar o problema. Quando nossos órgãos, células e moléculas funcionam mal, mais do que criticá-los deveríamos agradecer-lhes e abençoá-los por nos manterem com a lealdade com que sempre nos mantiveram.

Gladys McGarey, M.D., ex-presidente da Associação Médica Holística Americana, é uma médica que compreende o valor de uma atitude de amor e serenidade com relação ao corpo. Certa vez, ela afirmou que as mulheres deviam ser menos mórbidas ao fazer em si mesmas um exame periódico nas mamas. Segundo a dra. MacGarey, as mulheres, em vez de procurar nódulos com medo, deveriam realmente tratar as mamas como boas amigas ao iniciar o exame: "Olá, garotas! Como estão vocês? Como vão as coisas hoje?"

Deveríamos assumir uma atitude menos exigente com relação ao nosso corpo. Ele iria agradecer por isso, afinal, não precisamos ser perfeitos o tempo todo.

A oração "Seja feita a vossa vontade"

A oração em que dizemos "Seja feita a vossa vontade" ou "Que aconteça o melhor" requer fé e confiança de que prevalecerá o melhor resultado. Significa também renunciar às nossas preferências e exigências, o que pode ser muito difícil, pois quase todos nós temos a pretensão de saber de antemão o que é melhor, e sem hesitar dizemos ao Absoluto o que fazer.

É por isso que muitos de nós temos alguns desejos ocultos quando usamos uma forma aberta de oração. Se temos uma doença e rezamos, "Seja feita a vossa vontade", com freqüência nos pegamos pensando, "A propósito, eu não me importaria se a doença desaparecesse". Ou, "Seja feita a vossa vontade, mas consegui para mim uma promoção profissional enquanto pensais no assunto". Se exigências e desejos pessoais contaminarem nossas orações caracterizadas pela "Seja feita a vossa vontade", estas não serão sinceras.

Os melhores motivos para confiar numa oração em aberto, não-direcionada, são as limitações do nosso conhecimento. Mesmo quando pensamos que rezamos pelo que é melhor, podemos estar equivocados. Deborah Rose ex-vice-presidente da Sprindrift, Inc., usa a analogia da oração com tomateiros saudáveis. Supomos que o melhor que os tomateiros têm a fazer é produzir rapidamente uma enorme quantidade de tomates grandes e bem vermelhos; mas será que isso é realmente o melhor? Podemos produzir tomates assim numa estufa, mas sabemos que eles não são saborosos, se reproduzem pouco e sua resistência às pragas é menor. Portanto, embora pensássemos que estávamos rezando para obter plantas mais saudáveis, acabamos descobrindo que esse tipo de oração é prejudicial para elas.

Teria sido mais prudente simplesmente rezar "Seja feita a vossa vontade"? Se tivéssemos feito isso, e se os tomateiros tivessem crescido mais devagar, produzindo tomates menores e em menor quantidade do que desejássemos, poderíamos queixar-nos de que nossas orações não haviam sido atendidas. Na verdade, porém, elas podem ter sido atendidas do ponto de vista dos tomateiros.

Rose acredita que a pesquisa da Spindrift aponta para uma "força de organização" na oração, força essa que impede a oração de ser usada para estimular um organismo além do que é bom para ele. Quando produtores de leite rezaram "Seja feita a vossa vontade", em uma experiência da Spindrift, as vacas deram *menos* leite, em vez de mais. Rose explica:

> A força de organização muitas vezes faz com que uma vaca dê menos leite porque as vacas nos Estados Unidos em geral são condicionadas e criadas para dar mais leite do que é bom para elas... As pessoas dirão, "Minha oração não funcionou. A vaca deu menos leite". Mas a verdade é que funcionou. A força de organização fará o que é melhor para o organismo, e não necessariamente o que se espera.

Às vezes a força de organização proposta pelos pesquisadores da Spindrift parece levar em consideração não apenas as necessidades do organismo, mas também as necessidades da comunidade como um todo:

Imaginemos que você esteja passando fome e prestes a perder sua fazenda. Se você rezasse para as vacas, pedindo especificamente que elas produzissem leite suficiente para conseguir mais dinheiro para salvar a fazenda e alimentar sua família,... a força de organização poderia fazer com que uma vaca desse mais leite, mas sem que isso prejudicasse a vaca... A força de organização atua a favor dos interesses maiores da comunidade. Não podemos manipulá-la ou ludibriá-la; além disso, ela tem sua própria ética interna ou sistema de justiça, sempre atuando em conformidade com as necessidades do todo.

A Spindrift continuou testando essas idéias. Embora suas orações resultassem em menor produção de leite nos Estados Unidos, as orações para as cabras no Haiti produziram *mais* leite. Diferentemente dos Estados Unidos, o leite era extremamente necessário no Haiti. Os pesquisadores da Spindrift acreditam que esse é um exemplo de que a força de organização numa oração do tipo "Seja feita a vossa vontade" não age aleatoriamente, mas leva em conta as necessidades tanto do organismo como da sociedade como um todo.

Isso pode parecer desconcertante. Quais *são* as necessidades do organismo? Quais as necessidades da comunidade e da sociedade em geral? Qual é o ponto de equilíbrio entre elas? Na oração do tipo "Seja feita a vossa vontade" não precisamos responder a essas perguntas. A força de organização responde sem precisar da nossa ajuda.

Enquanto estava engajada no trabalho assistencial com os agricultores do Haiti, a equipe da Spindrift teve problemas com o armazenamento do leite. Por isso, todos rezaram para obter algum tipo de sistema de refrigeração primitivo, que mantivesse o leite fresco. Embora não conseguissem obter esse sistema, o leite passou a manter-se fresco vários dias a mais sem refrigeração. Quando, em seu retorno aos Estados Unidos, a equipe tentou reproduzir este resultado, não obteve êxito. "Não sabemos com certeza [por que os resultados foram diferentes]", diz Rose, "mas acreditamos que tenha alguma coisa a ver com a necessidade. Na nossa cozinha, não precisávamos que o leite permanecesse fresco, enquanto que no Haiti a vida das pessoas dependia dele literalmente."

Se as observações de Rose estão corretas — se o local de uma experiência e o contexto social são importantes — as implicações para a ciência são profundas. De acordo com o pensamento científico atual, o lugar onde uma experiência é realizada é irrelevante. Se uma experiência funciona em Boston, ela terá de funcionar igualmente bem no Brasil. Conquanto isso possa se aplicar a certos tipos de experiências, talvez não seja verdadeiro para estudos que envolvam a oração e outras atividades da consciência. Para compreender o modo como a oração atua, a teoria científica talvez deva ir além de suas fronteiras atuais.

Certa vez, recebi uma carta de um homem que não aprovava a oração do tipo "Seja feita a vossa vontade" por achar que ela é uma tentativa de fugir à própria responsabilidade. "As pessoas sem coragem são atraídas por esse método", dizia ele. "Quando as pessoas rezam 'Seja feita a vossa vontade', elas sempre podem dizer que a oração foi atendida. Nunca precisam encarar o fato de que a oração é inútil. Se fossem corajosas, rezariam por alguma coisa específica, e se arriscariam a ver a oração fracassar." Eu não concordo. A estratégia de oração do tipo "Seja feita a vossa vontade" não é para covardes, mas para pessoas que têm a força de aceitar o veredicto do Absoluto, qualquer que seja ele. É muito mais fácil fazer pedidos e exigências específicos. O desafio maior é ficar satisfeito com menos leite, não com mais.

Oração pelo milho de Iowa

Trataremos agora de uma lista de orações. O reverendo Karl E. Goodfellow, ministro metodista em Guttenberg, Iowa, tem doze mil pessoas na sua lista. Esse é aproximadamente o número de famílias rurais nos oito condados que compõem seu distrito eclesiástico no nordeste do Estado. O reverendo Goodfellow "pensa grande". Em breve, sua lista pode chegar a quase cem mil, o número total de sítios rurais no Estado.

Goodfellow começou a fazer pesquisas com a oração como parte de um projeto de doutorado que ele fazia no seminário. Na época, ele estava interessado nas mudanças sociais ocorridas nas igrejas em decorrência da oração. Posteriormente, Goodfellow descobriu evidências indicando que a oração pode influenciar o índice de germinação e as características do crescimento de sementes. Quando se tornou ministro rural em Iowa, onde se encontram algumas das terras mais férteis do planeta, ele teve a oportunidade ímpar de testar os efeitos da oração sobre as plantas.

A igreja de Goodfellow começou a rezar pelas sementes, e estas produziram mais. Ele então pediu a Deus que abençoasse parte de uma plantação de milho. As pessoas que participaram da experiência relataram produções mais elevadas nas áreas de influência das orações. Os agricultores são pessoas práticas; quando alguma coisa funciona, eles observam. O mesmo aconteceu com os meios de comunicação. O projeto de Goodfellow recebeu destaque em publicações nacionais, e ele foi convidado para vários programas de rádio e de televisão.

Por que tanto interesse? Nos últimos anos, as crises sofridas pela agricultura aconteceram em níveis alarmantes em todo o meio-oeste americano. O fim das atividades de uma única fazenda provoca uma perda de aproximadamente 70 mil dólares à economia local. Mas o prejuízo não é apenas econômico. Em Iowa, as pessoas sabem que dependem da agricultura, quer vivam no interior ou não. A estrutura social está correndo perigo devido à redução da população rural. As pessoas vêem os vizinhos indo embora, as escolas e as igrejas morrendo e comunidades inteiras sendo ameaçadas.

Goodfellow começou a debater o problema com o clero da sua região. Todos os ministros com quem ele falava tinham o mesmo receio com relação à comunidade rural em declínio. Se a oração é eficaz para as plantações, perguntava-se Goodfellow, por que não o seria para os agricultores? Ele se impôs o objetivo de achar um parceiro de oração para cada agricultor em Iowa. Os parceiros de oração rezariam diariamente desde 8 de outubro até 30 de novembro, o auge da colheita. Goodfellow ficou surpreso ao descobrir que havia em torno de cem mil propriedades rurais em todo o Estado. "Foi um tanto exaustivo", disse. Por isso, ele reduziu o projeto para incluir "apenas" cerca de doze mil famílias nos oito condados no distrito de sua igreja.

Cada pessoa que concordava em participar recebia os nomes de dez famílias rurais para quem devia rezar, e um livreto de mensagens devocionais com um forte tom rural. As orações eram feitas diariamente para cada família, nominalmente. Apesar de alguns paroquianos preferirem rezar anonimamente, outros enviavam uma carta para as famílias rurais de sua lista, junto com um exemplar do opúsculo devocional usado no projeto, se assim o desejassem. "Muitas vezes, a igreja entra em contato com as famílias rurais apenas para pedir dinheiro", diz Goodfellow. "Talvez esta seja a primeira vez que alguém as procura para dizer-lhes que pessoas estão rezando por elas e que elas são admiradas pelo papel que desempenham em suas igrejas, comunidades e escolas."

Além de rezar por uma colheita abundante, os paroquianos rezam também pela redução dos acidentes rurais, uma verdadeira calamidade na América rural. Além de ser árduo, o trabalho agrícola também pode ser muito perigoso. É comum ver-se pessoas sem dedos, sem mãos e até sem braços nas zonas rurais dos Estados Unidos.

O livrinho utilizado no projeto de Iowa chama-se *Colheita de Deus — Povo de Deus;* ele se constitui numa coleção de mensagens inspiracionais, muito comoventes aliás, escritas pelos próprios habitantes do nordeste de Iowa. A reverenda Joann Hary, pastora da Igreja Metodista Unida em Aurora e Lamont, que nasceu e cresceu na zona rural, relata como o pai perdeu um braço num acidente e como se recuperou. O pai dela "fazia amigos" devido ao aparelho que substituía sua mão esquerda, e costumava visitar outros agricultores mutilados. Nessas ocasiões, assegurava-lhes que, se pela graça de Deus, ele pôde superar os obstáculos, eles também poderiam. Algumas páginas adiante, Richard Shaw, de Calmar, fala da sua tristeza quando foi obrigado a deixar sua terra. Fiquei comovido ao ler as mensagens em que falava da perda que sofrera e da sua fé.

Cresci numa pequena propriedade agrícola produtora de algodão no centro do Texas, e durante toda a minha vida sempre tive um profundo respeito pelas famílias rurais. Por todas as suas árduas labutas, os agricultores são profundamente religiosos. Em geral, demonstram um respeito reverente e sagrado pela terra. Enquanto lia algumas mensagens piedosas da população do Iowa, convenci-me ainda mais dessa visão. "Respeite os sistemas e ciclos naturais", recomenda com insistência a mensagem para o dia 10 de outubro, escrita pela reverenda Mary K. Green, da Igreja Metodista Unida de Edgewood, Iowa.

> Conhecer a nossa vizinhança e suas necessidades. Usar a lógica, a ética e a atenção amorosa, à semelhança de um pastor... A perda da terra fértil é uma ameaça para as bases da civilização. Quando se perde a terra fértil, perde-se também o potencial para a vida... Os agricultores têm de cuidar da alimentação de 92 milhões de pessoas todos os anos com 24 bilhões de toneladas de solo fértil a menos!... O futuro depende de técnicas de cultivo que não sejam prejudiciais à terra. O destino das terras e das águas do planeta é determinado pelo modo como NÓS as usamos. CADA SER HUMANO pode fazer a sua parte. Una-se física, pessoal e espiritualmente à terra que nos sustenta. Inflame-se com novo vigor por saber que suas atividades são essenciais no quadro da criação de Deus. Proponha-se a fazer a coisa certa, a ser o Bom Pastor, embora isso possa ser difícil, inconveniente, ou financeiramente oneroso.

Liz Goodfellow, esposa de Karl, escreveu a mensagem para o dia 28 de outubro. Liz também cresceu na zona rural, e aprendeu desde criança que a dor e o sofrimento sempre acompanham os agricultores.

> Os acidentes acontecem muito rapidamente. De qualquer modo, assim pareceu quando, num segundo, meu irmão ligou o interruptor para operar o descarregador do silo; o que vimos em seguida foi sangue pingando do braço do meu pai. Papai estava tentando consertar a máquina, e quando gritou pela calha de transporte, não entendemos suas instruções. *Oh, Deus, socorro.*

O que fizemos? Felizmente, meu pai se manteve calmo e consciente. Disse-nos rapidamente o que fazer para ajudá-lo, e em pouco tempo mamãe e papai estavam a caminho do pronto-socorro. Nós, crianças, ficamos em casa terminando as tarefas domésticas e nos perguntando: Será que papai vai se recuperar? Por que isso tinha de acontecer? Poderíamos continuar ajudando? Nossos corações foram tomados de desespero. Nossa intenção sempre fora a melhor possível. *Ouve meu clamor, ó Deus; atende à minha prece...* Papai voltou para casa naquele mesmo dia, todo cheio de pontos e sorrindo...

Desde que o projeto da oração começou, os agricultores passaram a relatar experiências interessantes — "acontecimentos que poderiam ter sido desastres mas não foram". Um agricultor caiu num depósito de grãos, correndo o risco de morrer sufocado, mas foi resgatado ileso. Outro agricultor perto de Hawkeye dirigia sua ceifadeira pela estrada quando um *semi-trailer* surgiu à sua frente. Somente um "milagre" impediu o que poderia ter sido uma colisão fatal.

Algumas pessoas não aceitam essa abordagem da oração. Rezar por uma colheita abundante, dizem, é egoísmo. Mas os que se negam a rezar pedindo uma boa colheita rejeitariam também, para ser coerentes, "O pão nosso de cada dia nos dai hoje" do Pai-Nosso — que suplica pedindo o pão que é feito de grãos?

O projeto da oração de Goodfellow tem objetivos mais amplos do que obter algumas toneladas de grãos por hectare. Goodfellow acredita que a oração ajuda a pessoa ou a situação a que é dirigida, e também a pessoa que reza. Como pastor, observou muitas vezes que quando as pessoas oravam pelo bem-estar de outras, elas mesmas se tornavam mais piedosas: talvez encontrassem tempo para fazer um telefonema, talvez parassem no caminho para um bate-papo com alguém ou quiçá levassem comida para alguém que precisasse.

Não é surpresa, portanto, que o projeto da oração de Goodfellow tenha influenciado tanto os moradores da zona rural como os das zonas urbanas. As pessoas da cidade passaram a compreender e a se aproximar mais das pessoas do campo, expressando-lhes seu afeto através de cartas e de telefonemas. Os agricultores estão agradecidos. Um deles confessou que, num tempo em que tantas pessoas parecem ser contra os trabalhadores rurais, era bom saber que alguém os apoiava. Um agricultor de Melville telefonou para dizer, "O senhor não me conhece; estou ligando apenas para lhe dizer muito obrigado. Enfrentamos muitas pressões todos os dias, e é bom saber que alguém se preocupa conosco".

É imensa a quantidade de pedidos que o reverendo Goodfellow recebe solicitando material devocional e orientação para iniciar correntes de orações. No momento, com um grupo da Universidade de Iowa, ele está trabalhando na coleta de dados relativos aos efeitos da oração sobre a abundância das colheitas e aos índices de acidentes na agricultura. Sua intenção é expandir o programa de modo a incluir as cem mil propriedades agrícolas de Iowa, e em seguida todas as colônias do meio-oeste. Quem proverá recursos para isso? Essa questão também está na sua lista de orações.

A resposta nem sempre é sim

Freqüentemente as pessoas se perguntam por que não é sempre que as orações são atendidas. Como, porém, podemos saber que não é? A oração dispõe de muitas respostas, todas perfeitamente adequadas: *não, talvez, quiçá, ainda não, veremos.* Se acrescentarmos todas as respostas possíveis, talvez nossas orações sejam *sempre respondidas*.

Analisando a oração de um ponto de vista médico, podemos perguntar: Qual é a terapia que funciona cem por cento das vezes? Esse tipo de terapia ainda não foi inventado. Mesmo os tratamentos mais eficientes às vezes nao dão resultado. Além disso, os médicos nunca sabem de antemão se uma determinada terapia irá ou não produzir os resultados esperados em um dado paciente. Nós simplesmente pesamos as possibilidades, fazemos uma tentativa e esperamos que as coisas se encaminhem adequadamente; como todos os médicos sabem, porém, isso muitas vezes não acontece. O mesmo raciocínio se aplica à oração: nunca sabemos qual será o resultado, mas mesmo assim rezamos.

É bom que as nossas orações não sejam atendidas sempre. Por exemplo, se todas as preces pela cura de doenças feitas no decorrer da História humana tivessem sido atendidas, poucas pessoas teriam morrido. O resultado teria sido um colapso total da humanidade, há milênios atrás, devido à superpopulação. Hoje não teríamos onde ficar e a Terra seria um lugar inabitável para nós.

O fato é que não somos suficientemente criteriosos para saber o que pedir. Às vezes, precisamos ser protegidos de nossas próprias orações. Imagine milhares de pessoas rezando ao mesmo tempo para conseguir estacionar na única vaga que resta no centro de Chicago, de Los Angeles ou na cidade de Nova York. Se todas essas orações fossem atendidas, haveria uma implosão colossal, pois todos chegariam nesse espaço ao mesmo tempo. C.S. Lewis resumiu nossas limitações observando, "Se Deus tivesse atendido a todas as orações tolas que fiz na minha vida, onde eu estaria agora"?

Por que não é sempre que as orações são atendidas? Para nós, isso é uma verdadeira bênção disfarçada.

Cuidado com o que você pede

De acordo com uma pesquisa Gallup recente, os cinco tópicos mais freqüentes na oração são o bem-estar da família, o agradecimento, o perdão, a resistência emocional e a paz de espírito. Ainda assim, um número representativo de pessoas considera a oração principalmente como uma forma de conseguir bens materiais.

O hábito não é novo, naturalmente. Meister Eckhart, o grande místico alemão do século XIII, deplorava esse uso da oração. Em seus sermões, ele lamentava o fato de as pessoas usarem Deus como usam uma vaca, só para usufruir do leite e do queijo que ela pode dar. Eckhart sabia provavelmente que a palavra "prece" ["prayer", em inglês] deriva do latim *precarius*, "que só se obtém com súplicas", e *precari*, "rogar" — pedir com ardor, suplicar, implorar.

Entretanto, o fato de pedirmos alguma coisa na oração não significa necessariamente que sejamos gananciosos. Podemos pedir para ter uma saúde melhor, de modo que sejamos mais úteis para os outros. Podemos pedir que nossa situação financeira melhore para que possamos pôr em prática um projeto de ajuda a pessoas carentes. Podemos pedir para ter mais compaixão e amor.

Os que rezam movidos pela ganância devem ter cuidado. A oração dispõe de mecanismos de disciplina para os que abusam dela. Temos uma indicação disso nos contos populares que falam da "a vingança da Fada Boa", a respeito dos quais a antropóloga Mary Catherine Bateson escreveu muito expressivamente. Essas histórias previnem contra os paradoxos e dilemas presentes em atitudes egoístas incontidas.

Bateson descobriu que essas histórias são universais. Ela cita o clássico exemplo do rei Midas, que alimentava o desejo de que tudo o que ele tocasse se transformasse em ouro — e isso acontecia. Como um alquimista onipotente, Midas comprazia-se em transmutar tudo aquilo de que gostava nesse metal reluzente, mas sem vida. Ninguém estava a salvo, inclusive os que ele amava. A conseqüência funesta foi que sua vida virou uma tragédia. Bateson também menciona um conto sobre um casal que desejava 200 dólares e que os recebeu como indenização pela morte do filho em um acidente. Eles também haviam rezado para que o filho sobrevivesse, mas ao constatar as deformidades que sofrera, desejaram novamente vê-lo morto. E temos também a lenda do homem que queria um pênis tão grande que tocasse o chão — e imediatamente se viu sem pernas.

A universalidade dos contos de Fada sugere que eles estão a serviço de um objetivo. Acredita-se que eles desempenham um papel importante na educação das crianças. Freqüentemente as crianças perguntam sobre coisas fora do comum. Às vezes, seus desejos são destrutivos, como quando almejam a morte dos pais ou dos irmãos. Talvez os contos da Fada Boa tenham evoluído para ensinar-lhes os perigos ocultos de desejos insanos.

As advertências da Fada Boa aplicam-se também às pessoas que rezam levadas pela cobiça. Lembro-me de um cartum no periódico *Out of Time* em que um homem reza, "Ó Deus, destrói os meus inimigos". Segundo quadro: "Que Deus me conceda um pedido: destruir o pior dos meus inimigos". Terceiro quadro: Um raio desce dos céus — "ZAP!" — e o reduz a cinzas. Quadro final: A voz do homem se faz ouvir dentre as cinzas, "Vou refazer o pedido".

A base desse cenário é a mitologia grega. Quando Sêmele, mãe de Dionísio, pediu a seu amante Zeus que se mostrasse em todo o seu esplendor, ele aquiesceu — fulminando-a com raios. Como Orson Welles observou, "Quando os deuses querem punir-nos, eles atendem às nossas orações". Ou como a escritora Susan Ertz disse, "Milhões rezam pela imortalidade, quando nem sequer sabem o que fazer consigo mesmos num domingo chuvoso à tarde". A lição parece ser, "Cuidado com o que você pede; você corre o risco de conseguir".

Conheço um homem que criou um tipo de oração de que eu nunca ouvira falar. Ele a denominou "oração introdutória", por iniciar todas as suas orações com ela. Era uma súplica simples em que ele pedia sabedoria para saber rezar. Certo dia, ocorreu-lhe que isso também não estava muito certo, e que precisava de uma introdução à sua oração introdutória. Assim, ele rezava pedindo sabedoria para saber rezar para obter sabedoria para rezar. Ao fazer isso pela primeira vez, ele explodiu em gargalhadas, pois percebeu que estava preso a uma regressão infinita: as introduções podiam continuar infinitamente, e ele jamais chegaria à essência da oração. De repente, toda a sua aventura pareceu supérflua. Ele eliminou *todas* as palavras — introduções e orações que se lhes seguiam — e as substituiu por uma oração silenciosa. E descobriu ser esta a mais satisfatória de todas as formas de oração.

Cuidado com a oração negativa

Com exceção da nossa cultura, quase todas as demais acreditam que uma pessoa pode prejudicar outras com seus pensamentos, mesmo a distância, e mesmo quando o "receptor" não tem consciência disso.

Muitos proclamam que "Deus é amor" e que, em princípio, a oração nunca poderia ser usada para lesar outras criaturas. Isso pode refletir a tentativa de "manter limpo o manto de Deus" na expressão do filósofo Alan Watts. Na verdade, porém, a Bíblia está repleta de maldições e imprecações; o manto de Deus pode não ser tão limpo quanto pensamos. O profeta Eliseu, por exemplo, fez com que 42 crianças fossem devoradas por ursos porque zombaram da calvície dele (2Reis 2: 23-24); o apóstolo Paulo castigou um mago com a cegueira (At 13: 11); e mesmo Jesus secou uma figueira aparentemente inocente porque ela não dava frutos (Mt 21: 19; Mc 11: 13-14 e 20-22). Você pode dizer que essas são maldições, e não "orações negativas". Talvez, mas para as crianças devoradas pelos ursos, para o mago cego e para a figueira, provavelmente fez pouca diferença serem castigados por uma maldição, por uma praga ou por uma oração negativa.

Algumas culturas fazem pouca distinção entre maldições e orações negativas. Um exemplo é a Polinésia, que foi o berço de um costume chamado de "oração da morte". Esse ritual se espalhou para as ilhas havaianas e foi estudado com certo detalhe. Os xamãs kahunas o usavam apenas contra pessoas que provocavam grandes perturbações sociais e que não reagiam a nenhuma outra medida. Os xamãs se reuniam numa ilha e rezavam pela morte da pessoa que estava numa outra ilha distante, sem que ela soubesse. Uma maldição ou uma oração negativa a distância, não-local? Você decide. De qualquer modo, esse não é o tipo de imprecação relacionado com a tradição do vodu, em que a pessoa amaldiçoada em geral é informada da maldição e, a partir daí, coopera com a funesta predição. Na oração da morte, a vítima *não sabe de nada*. Isso significa que a morte não pode ser atribuída à sugestão, à expectativa ou aos efeitos de placebo negativo ("nocebo").

Quase todas as culturas têm como certo que existe um lado negativo, um lado sombrio da oração, e criaram vários métodos para se proteger desses acontecimentos. Elas acreditam que rituais elaborados, contra-orações, imagens, amuletos e vários comportamentos anulam os efeitos perniciosos e propiciam imunidade. Até o Pai-Nosso diz, "livrai-nos do mal", o que nos faz suspeitar de que essa talvez seja uma oração de proteção.

A maioria das pessoas parece convencida de que a oração "verdadeira" não pode prejudicar ninguém. Se observam efeitos negativos depois da oração, insistem que não foi de fato "culpa" da oração. Se a oração tivesse sido autêntica, os efeitos não teriam sido negativos. Tudo para manter limpo o manto de Deus. Mas talvez não devamos negar as possibilidades negativas com muita pressa. Se esses efeitos são reais, e nós fechamos os olhos, podemos nos tornar excessivamente vulneráveis.

Às vezes, as pessoas acham que as suas orações causaram

mal a outras, embora essas orações e elas próprias possam ser amorosas e compassivas. Um homem escreveu dizendo que rezou "Seja feita a vossa vontade" por sua mulher doente, que sofria de um tumor cerebral em estado avançado. Ela morreu. Convencido de que sua oração influenciara a morte da mulher, foi tomado por um sentimento de culpa. Depois de orientado por seu ministro, ele conseguiu mudar esse modo de pensar e perceber que a morte da mulher era um final misericordioso para uma situação terrível.

A oração pode prejudicar? Alguns grupos religiosos aparentemente acham que sim. Quando os pesquisadores da Spindrift estavam fazendo experiências de laboratório para averiguar os efeitos da oração, paroquianos que se opunham a esses estudos rezavam para que essa pesquisa fracassasse. Eles achavam as experiências blasfemas e usaram a oração para sabotá-las.

Reflita sobre a história verídica de uma mulher:

> Nos primeiros anos da década de 1970, eu estava profundamente envolvida com o meu desenvolvimento pessoal, praticando meditação e ioga e lendo vorazmente obras de metafísica e das religiões do mundo. Naquele tempo, uma parenta, mulher do meu tio, veio passar alguns dias comigo. Durante essa visita, parecíamos compartilhar alguns interesses e idéias sobre fé, cura, oração e meditação.
>
> Algumas semanas mais tarde, depois que ela voltou para casa, na Costa Leste, recebi dela uma carta virulenta. Ela condenava livros que havia visto nas minhas prateleiras, dizendo que eu devia queimar todas as obras sobre ioga, sobre religiões orientais e ocidentais que não fossem do cristianismo tradicional, e todos os livros de natureza metafísica. Ela os rotulava de "satânicos" e "obras do demônio", dizendo que deviam ser destruídos para não caírem nas mãos de outros que poderiam lê-los. Essa era a primeira indicação da diferença de nossas posições sobre os tópicos que havíamos debatido. Em vez de destruir os livros, eu destruí a carta.

Alguns dias se passaram, e eu não pensei mais no assunto. Então comecei a ter "dores de cabeça" estranhas todas as manhãs, às 9 horas em ponto. Durante alguns minutos eu sentia como se meu cérebro fosse uma massa de macarrão cozido num prato. Eu não conseguia pensar direito. Essa sensação, essa imagem passavam logo, e eu voltava a me sentir bem até o dia seguinte. Na busca de ajuda para entender o que isso poderia indicar, recorri a um amigo psiquiatra.

Meu amigo já trabalhara comigo em psicoterapia intensiva, seguida de lições sobre meditação e cura. Depois de me interrogar durante alguns minutos, ele me sugeriu a seguinte técnica: quando voltasse a ter essas sensações, eu devia imaginar um fio de telégrafo saindo de mim e acompanhá-lo para ver até onde ele ia. Em seguida, eu devia visualizar esse fio sendo invadido com amor, e emitindo amor universal a quem quer que estivesse do outro lado da linha.

Segui essas instruções, e para minha surpresa o fio foi imediatamente para a comunidade da Costa Leste, onde minha parenta residia. Isso foi de fato uma surpresa! Ao inundar esse fio com amor universal, a sensação de massa de macarrão que havia começado a se formar logo se dissipou. Com a aplicação dessa técnica por dois ou três dias, o problema desapareceu por completo e nunca mais voltou.

Depois que a carta dessa parenta chegou, eu soube que ela havia se envolvido profundamente num movimento religioso que começava a atrair a atenção nacional. Ela havia me dito que diariamente, ao meio-dia, passava alguns minutos em oração. Meio-dia, no fuso horário da Costa Leste, eram 9 horas no meu horário da Costa Oeste.

Essa foi uma grande lição que recebi sobre o poder da oração. Se os pensamentos dessa mulher, a cinco mil quilômetros de distância, podiam me afetar desse modo, que outros grandes poderes poderiam ter os pensamentos e as palavras? A distância era irrelevante. Passei a respeitar ainda mais o poder da oração e a ter mais cuidado com o conteúdo de minhas próprias orações... e pensamentos.

Além de aprender essas coisas por mim mesma, ao longo dos anos venho tendo a oportunidade de coordenar trabalhos em grupo e retiros sobre oração e meditação. Nessas ocasiões, transmito às pessoas a importância de se respeitar a força da oração. Falamos sobre palavras, imagens e sobre as várias frases que podemos incluir na oração — "Se for da vossa vontade...", "Se for para o bem maior de todos...", e outras.

Este relato ilustra alguns pontos interessantes:

- Pensamentos negativos e prejudiciais podem provir não apenas de pessoas de espírito vil e maléfico, mas também de pessoas religiosas, como era a parenta dessa mulher. Toda pessoa intolerante e de mente estreita pode ser uma fonte nociva para os outros. Isso não significa que essas pessoas rezem *conscientemente* pela desgraça do outro. Antes, é mais provável que os pensamentos negativos se originem na mente *inconsciente* e que as pessoas não façam a mínima idéia de que abrigam pensamentos maléficos com relação ao outro.
- A mulher cuja mente estava "confusa" não adotou simplesmente uma postura defensiva e nem recorreu a orações ou rituais de proteção; ela respondeu com amor. Compassivamente, procurou ajudar a parenta distante que nutria sentimentos negativos com relação a ela. Embora não conheçamos o efeito que essa estratégia teve sobre a outra mulher, sabemos que seus próprios sintomas desapareceram, e ela se sentiu protegida.

É surpreendente o volume de negatividade que podemos transmitir em nome da oração. Quando rezamos para que o nosso time vença a supercopa, estamos rezando para a derrota de um outro grupo de atletas e pela decepção amarga dos seus torcedores. Quando rezamos para que o nosso exército seja vitorioso, indiretamente estamos pedindo o sofrimento e a morte dos nossos inimigos. Isso não significa que devamos nos recolher à passividade e à paralisia, mas que precisamos estar conscientes das conseqüências do que pedimos.

Atualmente, a maioria das pessoas acredita que a oração traz algum resultado positivo ou que ela é neutra e não influencia absolutamente nada. Quase nunca consideramos a possibilidade de a oração ser prejudicial. Presos à nossa crença de que a oração ou é favorável ou é neutra, achamos conveniente ignorá-la. A oração tornou-se um luxo, algo que podemos tirar do nosso arsenal se as coisas piorarem. Se levássemos a sério o lado negativo da oração, não seríamos tão confiantes, e respeitaríamos muito mais o seu poder. Sabendo que a oração poderia nos lesar, ficaríamos de prontidão. A oração se tornaria real em cada momento vivido, e não um elemento decorativo que pode ser ignorado convenientemente.

A oração ajuda-nos a enfrentar a guerra e a ter garra

Depois de uma batalha naval entre Atenas e Esparta, durante a Guerra do Peloponeso, muitos navios estavam afundando e centenas de marinheiros se debatiam no mar. Um homem invocava em altos brados a deusa Atena, pedindo que o salvasse; era óbvio, porém, que ele estava se afogando. Um companheiro, agarrando-se a alguns destroços, viu sua situação e gritou, "Reze a Atena, mas também mexa-se!"

Todos podemos reconhecer a tendência que a prática espiritual, inclusive a oração, tem de encaminhar-se para a inatividade. Daí o provérbio alemão, "Deus nos dá as nozes, mas não as quebra para nós", e a advertência de São João Crisóstomo, arcebispo de Constantinopla no século IV: "Alimentar os famintos é um ato mais meritório do que ressuscitar os mortos."

A oração *pode* ser usada como um substituto da ação. Ao longo da História, os que rezam muitas vezes foram acusados de serem passivos e de fugir dos verdadeiros problemas do mundo. Mosteiros e conventos estão presentes em todas as religiões, e sempre há pessoas que se recolhem à solidão e à oração para deixar para trás a miséria e a desordem do mundo.

O físico e teólogo inglês John Polkinghorne, presidente do

Queen's College, em Cambridge, não vê conflito algum entre a oração e a ação. "A oração não é um substituto, e sim um estímulo da ação", observa ele. "Se o meu vizinho ancião é cansativamente repetitivo em suas histórias da juventude, eu não estou desobrigado da responsabilidade de ouvi-lo com paciência simplesmente porque rezo." Nessa mesma linha de raciocínio, C.S. Lewis certa feita observou, "Muitas vezes rezo pelos outros quando, de fato, deveria fazer alguma coisa por eles. É muito mais fácil rezar por um chato do que fazer-lhe uma visita".

A oração muitas vezes ilumina a nossa visão do que precisa ser feito. Mas não devemos esperar sair da oração com um halo celestial, armados para a batalha, como Joana d'Arc depois das suas revelações. A influência recíproca entre oração e ação geralmente é mais sutil. Com mais freqüência, a compreensão da tarefa a realizar se desdobra gradativamente a partir do senso de reverência, sacralidade e devoção que começa a permear toda a nossa vida, e não de um momento de fervor durante uma oração.

A psicóloga Ira Progoff relata um evento da vida de Abraham Lincoln que revela essas ligações sutis, mas profundas. Lincoln tinha uma vida de oração fecunda, e é considerado um dos presidentes americanos mais ligados às coisas do espírito. Ainda jovem, ele intuía que lhe estava reservado um trabalho importante no futuro, e que precisava aprimorar seu intelecto e adquirir habilidades profissionais para realizar seu destino. No lugar ermo em que morava, porém, havia poucos instrumentos e oportunidades de desenvolvimento profissional, e Lincoln temia que suas esperanças jamais se realizassem.

Certo dia, um estranho se aproximou de Lincoln com um barril cheio de bugigangas e jornais velhos, propondo-lhe vender tudo por um dólar. Percebendo que o homem passava necessidade, Lincoln, com sua bondade característica, deu-lhe um dólar, embora não fizesse a mínima idéia de como aproveitar o conteúdo do barril. Mais tarde, ao fazer uma faxina, Lincoln encontrou entre os refugos uma edição quase completa dos *Comentários,* de Blackstone. Esses livros o ajudaram a se formar em advocacia e posteriormente a entrar na política.

O respeito reverente e a bondade que Lincoln sentia pelos outros, virtudes essas que freqüentemente são frutos da oração, criaram uma abertura para uma transformação da vida que de outro modo poderia não ter acontecido. Não foi durante a oração que Lincoln recebeu uma revelação súbita do trabalho que o esperava. Ingredientes humildes — um barril de lixo, um estranho necessitado, um dólar e a compaixão inata de Lincoln — se combinaram sem alardes para ajudar a traçar o destino de uma nação e afetar milhões de vidas.

"Não é uma boa pesca para tempos de fartura," disse também C.S. Lewis, com o maior respeito por experiências como as de Lincoln:

> Às vezes, Deus parece falar-nos mais intimamente quando nos pega, por assim dizer, desprevenidos. Nossos preparativos para recebê-lo freqüentemente têm o efeito oposto... "Muitas vezes, o altar precisa ser erigido num lugar para que o fogo do céu desça em *alguma outra parte.*"

Nossa preferência pelos fascinantes "tempos de fartura" é um dos motivos que nos levam a abandonar o trabalho que precisa ser feito neste nosso mundo conturbado. Parece que nos apegamos cada vez mais às manifestações espetaculares da vida espiritual — as visões deslumbrantes, as experiências paranormais, as revelações extraordinárias, os milagres e assim por diante. Esperando que aconteçam, permanecemos insensíveis ao fato central da vida: *tudo* é um milagre, até o detalhe mais insignificante.

Em 1987, passamos por uma "Convergência Harmônica", um encontro antevisto na profecia arcana; alguns visionários acreditavam que seria um acontecimento importante para a evolução da raça humana. Eu não entendi nem me preocupei muito em saber se o acontecimento se baseava na superstição ou no fato, mas fiquei fascinado pelo modo como centenas e mais centenas de pessoas iam ficando cada vez mais energizadas psicologicamente à medida que a convergência se aproximava. Para captar o espírito do movimento, resolvi participar, na manhã aprazada, de uma reunião ao nascer do Sol, realizada num enorme campo nos arredores de Dallas, onde eu morava na ocasião. Cheguei com centenas de celebrantes no escuro que precede o alvorecer. Tateando o caminho, formamos um círculo e nos demos as mãos. Alguém começou a cantar uma canção sobre o desabrochar de uma flor, a que todos fizemos coro, e a antiga magia dos anos 60 ressurgiu gloriosa. Um Sol rosado se elevou gradualmente e a escuridão se dissipou, e nós permanecemos em silêncio por um longo tempo. A alegria e a gratidão eram palpáveis, e as pessoas choravam. No final, o grupo se dispersou em silêncio. Meu coração transbordava.

De volta ao meu carro, cruzei com um jovem de uns vinte anos sentado no capô do seu carro. Com o olhar fixo no espaço, seu desalento era evidente, estando a ponto de chorar. "Que há com você?", perguntei. Ele não respondeu imediatamente. Depois de um certo tempo, ele disse, "Não aconteceu nada. Nem uma bendita coisa. Nada, nada, nada!"

Nada aconteceu, exceto milagres: o Sol, a Terra, a vida, a consciência, o amor nos rodeavam. Que mais se poderia acrescentar?

O termo *Utopia* deriva de palavras gregas que significam "não em um lugar". Se a Utopia não está em "um" lugar, então ela está em todos os lugares. E se está em todos os lugares, também está em todos os tempos. Compreendemos então que Utopia é *aqui* e *agora*. Ó jovem sentado no capô do seu carro, seja bem-vindo à Utopia.

A oração pode revelar-nos que é desnecessário esperar por um chamado milagroso à ação. O chamado à atividade jamais será mais milagroso do que o aqui e agora. Já estamos mergulhados no milagroso; não existem momentos de fartura pelos quais precisemos esperar. É hora de saltar do capô, entrar no mundo e trabalhar.

Os grandes heróis e heroínas da História e da lenda não esperaram até se aperfeiçoar psicologicamente ou até ver suas orações atendidas para entrar em ação. Não existem evidências de que Artur, Gawain, Beowulf, Ulisses — ou São Francisco, São João da Cruz, Hildegard, Santa Teresa, Juliano de Norwich e Florence Nightingale — fossem completamente saudáveis do ponto de vista psicológico. Na verdade, existem muitas evidências de que não eram. Além disso e de tudo mais, muitos deles suportaram atribulações físicas atrozes.

Não consigo lembrar a última vez que ouvi as palavras *raça, coragem* e *heroísmo* mencionados numa conferência ou num seminário de final de semana. Podemos deixar de ser pessoas ansiosas (*worriers*) e nos tornar pessoas guerreiras (*warriors*)? A tarefa é arriscada, mas foi sempre assim. Como observa um amigo meu, "A vida espiritual não é para os fracos". Muitos que se aventuram não sobreviverão. Os heróis morrem. Mas precisamos nos envolver com os problemas que enfrentamos, inclusive com os nossos próprios, e não apenas analisá-los e rezar para que desapareçam.

Oração *ou* ação? A pergunta se dissipou. Precisamos rezar e, ao mesmo tempo, pôr mãos à obra.

Epílogo

Em 1931, Mahatma Gandhi viajava com destino a Londres para advogar a causa da independência da Índia. Num encontro de oração a bordo do navio, Gandhi disse:

> [A oração] salvou a minha vida... Eu tive a minha parcela de experiências públicas e particulares das mais amargas. Elas me lançaram em desespero temporário. Se consegui livrar-me desse desespero foi por causa da oração... Ela brotou da pura necessidade quando me vi numa situação em que, possivelmente, não seria feliz sem ela. E à medida que o tempo passava, minha fé em Deus aumentava e mais irresistível se tornava o anseio pela oração. A vida parecia ser insípida e vazia sem ela... Apesar de o desespero ser evidente no horizonte político, nunca perdi a minha paz... Essa paz provém da oração... Sou indiferente quanto à forma. Cada um é a sua própria lei nesse sentido... Que cada um tente e descubra que, como resultado da oração diária, acrescenta algo novo à sua vida.

Embora nós, como Gandhi, talvez nos aproximemos da oração não por opção mas por necessidade, muitas vezes descobrimos, com o tempo, que mal conseguimos passar sem ela.

A oração nos alimenta de tal maneira que parece necessária para nossa própria existência. Mas no nosso entusiasmo pela oração, não esqueçamos a recomendação eloqüente que o Mahatma faz com relação à tolerância, necessária porque, em certo sentido, "Cada um é a sua própria lei".

Além da tolerância, a *simplicidade* também é uma marca distintiva da prática espiritual autêntica. O Dalai Lama disse, "Minha religião é muito simples. Minha religião é a bondade".

Assim, neste espírito de tolerância e simplicidade, termino este livro esperando que o leitor deixe de lado tudo o que precede e inicie a sua própria jornada de oração. Embora esta possa ser uma jornada solitária, ela não precisa ser realizada em solidão. Por que deveria? — se você rezar por mim e eu por você...

Apêndice

COMO PARTICIPAR DE UMA LISTA DE ORAÇÃO

Se você deseja receber a oração de outras pessoas, inclua seu nome numa lista de oração. Veja como fazer.

A INTERNET

Se a idéia do espaço cibernético não for impessoal demais, consulte os serviços de computação comercial, como a Internet, América Online, Genie e CompuServe. Todos dispõem de seções religiosas em atividade; verifique se eles têm serviços de oração em atividade.

A SBCnet (a rede da Southern Baptist Convention) e a PresbyNet (dirigida pelos presbiterianos) têm milhares de assinantes e estão crescendo rapidamente. É quase certo que oferecem listas de oração eletrônicas.

JORNAIS NACIONAIS

The New Times, um jornal nacional, oferece um ministério de oração para os que desejarem fazer uso dele. Se quiser que sua comunidade de leitores ore por você, simplesmente remeta as iniciais do seu nome (não o seu nome, nem o motivo por que quer a oração; o serviço é anônimo). As iniciais são publicadas durante um mês; se você quer que as orações lhe sejam dirigidas por mais tempo, torne a enviar suas iniciais. O serviço é gratuito, embora sejam aceitos donativos para cobrir despesas. Endereço:

The New Times
P.O. Box 51186
Seattle, WA 98115-1186

SERVIÇOS DE ORAÇÃO ECUMÊNICA

Se a oração eletrônica e as comunidades jornalísticas não lhe agradarem, talvez você prefira entrar em contato com um dos seguintes serviços de oração ecumênica.

Esta lista foi elaborada por Vivian Berg, de Marina del Rey, Califórnia. A maioria dos grupos de oração aqui relacionados estão na Califórnia — talvez não porque os californianos precisem de mais orações do que nós, mas porque a sra. Berg é californiana e conhece mais sobre essa atividade piedosa na sua própria área do que em outros lugares. A sra. Berg está interessada em ampliar essa lista e incluir todos os grupos de oração ecumênica nos Estados Unidos. Até onde sei, essa lista completa não existe atualmente. Queira, por gentileza, enviar as informações que tiver sobre grupos de oração para o seguinte endereço:

Vivian Berg
14021 Marquesas Way, #307C
Marina del Rey, CA 90292

Califórnia
Discalced Carmelites
Carmel of St. Teresa
215 E. Alhambra Road
Alhambra, CA 91801
818-282-2387

Insight for Living
P.O. Box 69000
Anaheim, CA 92817
800-771-8888 (número principal)
714-575-5000 (número para orientações)

The Free Catholic Church
P.O. Box 1439
La Jolla, CA 92038
619-459-4275
619-459-4277 (fax)

New Thought Center of Los Angeles
1122 S. La Cienega Blvd., Suite 111
Los Angeles, CA 90035
310-652-2080
310-652-2946 (fax)

Islamic Center of Southern California
934 South Vermont Avenue
Los Angeles, CA 90020
213-382-9200

Johrei Fellowship
3068 San Marino Street
Los Angeles, CA 90020
213-387-8366

Johrei Fellowship
National Headquarters
1971 West 190th Street, Suite 280
Torrence, CA
310-523-3840
310-523-3843

Self-Realization Fellowship
3883 San Rafael Avenue
Los Angeles, CA 90065
213-225-2471

Dominican Nuns of the Order of Preachers
The Monastery of the Angels
1977 Carmen Avenue
Los Angeles, CA 90068
213-466-2186

Ananda
14618 Tyler Foote Road
Nevada City, CA 95959
916-292-3506 (grupo de oração)
916-292-4100 (número principal)

Unity Church, Worldwide
P.O. Box 1709
Palm Desert, CA 92261-9989

Calvary Chapel
Prayer Request Secretary (para pedidos por escrito)
3800 Fairview Road
Santa Ana, CA 92704
714-979-4422 (somente à noite, entre 22:00 e 8:00)

Jewish Healing Center
141 Alton Avenue
San Francisco, CA 94116
415-387-4999

Franciscan Poor Clare Nuns
215 E. Los Olivos Street
Santa Barbara, CA 93105
805-682-7670

Aiko Hormann Ministries
P.O. Box 926
Santa Monica, CA 90406
818-909-0959

Carmel of St. Joseph
P.O. Box 379
Solvang, CA 93464
805-686-4292

First Lutheran Church of Venice
815 Venice Blvd.
Venice, CA 90291
310-397-1230

Flórida
Christian Healing Ministries, Inc.
438 West 67th Street
Jacksonville, FL 32208
904-765-3332

Coral Ridge Baptist Church
P.O. Box 16502
Jacksonville, FL 32246
904-642-2726

Illinois
National Spiritual Assembly
of the Baha'i Faith of
the United States
536 Sheridan Road
Wilmette, IL 60091

Kansas
Unity Church of Overland Park
977 Antioch
Overland Park, KS 66212
913-649-3214

Maryland
New Life Clinic
Mt. Washington United Methodist Church
5800 Cottonworth Avenue
Baltimore, MD
410-561-0428

Fourth Presbyterian Church
5500 River Road
Bethesda, MD 20892
301-320-3672

Life in Jesus Community
P.O. Box 40
Libertytown, MD 21762
301-829-1577

Massachusetts
St. Joseph's Abbey
N. Spencer Road
Spencer, MA 01562
508-885-4760

Minnesota
Billy Graham Evangelistic Association
P.O. Box 779
Minneapolis, MN 55440-0779
612-338-0500

Missouri
Silent Unity
Unity Village, MO 64065-0001
800-669-7729 (ligação gratuita)
816-251-3544 (para língua espanhola)

816-246-5400
816-524-3550 (número geral, Unity Village)

Nova York
Guideposts Magazine
39 Seminary Hill Road
Carmel, NY 10512
800-204-3772

House of Peace
1291 Allerton Avenue
Bronx, NY 10469
718-547-3230

National Center for Jewish Healing
9 East 69th Street
New York, NY 10021
212-772-6601

Carolina do Norte
The Ecumenical Institute of Wake Forest University and Belmont Abbey College
100 Belmont-Mount Holly Road
Belmont, NC 20802-2795
704-825 6700

Hickory Grove United Methodist Church
6401 Hickory Grove Road
Charlotte, NC 28215
704-537-4686

Church of Concord
P.O. Box 103
Concord, NC 28025
800-315-7729

International Prayer Fellowship
Box 1236
Lake Junaluska, NC 28745
704-456-4454

Carolina do Sul
Cathedral of Love Church
5525 Highway 187
Anderson, SC 29625

Virginia
Shepherd's Heart
10875 Main Street
Suite 102
Fairfax, VA 22032
703-385-4833

Association for Research and Enlightenment, Inc.
67th Street and Atlantic Avenue
P.O. Box 595
Virginia Beach, VA 23451
804-428-3588

Christian Broadcasting Network Center/700 Club
977 Centerville Turnpike
Virginia Beach, VA 23463
804-420-0700

Gerais
Prayer Chain (da Igreja Luterana)
213-397-1230 (número principal)

Science of Mind World Ministry of Prayer
213-385-0209
800-421-9600 (ligação gratuita)

A maioria das grandes congregações protestantes e católicas têm ministérios de oração. Quase todas as sinagogas conservadoras ou ortodoxas rezarão por aqueles que solicitarem oração às segundas, terças e sábados. Listas de oração organizadas por particulares também são comuns. Para encontrá-las, mantenha os ouvidos abertos; pergunte aos amigos. No caso improvável de não conseguir localizar um grupo de oração, você mesmo pode formar um.

Você também pode juntar-se a um grupo de oração como intercessor — alguém que reza por outras pessoas. Essa é uma forma única de voluntariado. As pessoas que prestam esse tipo de assistência freqüentemente descobrem que suas vidas ficam mais alegres e com mais sentido — prova de que a oração é benéfica não só para a pessoa que recebe a oração mas também para a pessoa que reza.

Notas

NOTA DO AUTOR

13 "Homem nenhum pode pensar em Deus na sua essência." *The Cloud of Unknowing*, tradução de Clifton Wolters (Baltimore: Penguin Books, 1961), 59.

13 "Todo aquele que perceber algo em Deus..." *Meister Eckhart*, tradução de Edmund Colledge and Bernard McGinn (Nova York: Paulist Press, 1981), 204-5.

13 "É da natureza de Deus não ter natureza." *Meister Eckhart*, tradução de Raymond B. Blakney (Nova York: Harper & Row, 1941), 243.

INTRODUÇÃO

17-18 Para a matéria do *Wall Street Journal* sobre os estudos científicos da oração, ver Joseph Pereira, "The Healing Power Of Prayer Is Tested by Science", *Wall Street Journal*, 20 de dezembro de 1995.

17 "Pesquisas recentes mostram que 75% dos pacientes acreditam..." Ver David B. Larson e Mary A. Greenwold Milano, "Are Religion and Spirituality Relevant in Health Care?" *Mind/Body Medicine* 1, no. 3 (1995): 147-57.

18 "... quase todos nós rezamos realmente pelos nossos pacientes." Ver J. Martin e C. Carlson, "Spiritual Dimensions of Health Psychology", in *Behavioral Therapy and Religion*, org. W. R. Miller e J. Martin (Beverly Hills: Sage Publications, 1988), 57-110.

18 "Estatisticamente, Deus é bom para você..." David B. Larson, citado por John Boudreau, "Scientists Examine the Healing Power of Prayer", *Contra Costa [California] Times*, 21 de janeiro de 1996.

18 "...quando alguém mandou para mim um trabalho científico relatando os testes feitos com a oração em um grande grupo de pacientes cardíacos num hospital moderno." O trabalho foi apresentado por Randolph C. Byrd, "Positive Therapeutic Effects of Intercessory Prayer in a Coronary Care Unit Population", *Southern Medical Journal 81*, no. 7 (Julho de 1988): 826-29.

20 "Já foi demonstrado que pensamentos piedosos, transmitidos a distância, aceleraram a cicatrização pós-cirúrgica..." Ver a pesquisa de Daniel P. Wirth, "The Effect of Non-contact Therapeutic Touch on the Healing Rate of Full Thickness Dermal Wounds", *Subtle Energies 1*, no. 1 (1990): 1-20; e Daniel P. Wirth, "Full Thickness Dermal Wounds Treated with Non-contact Therapeutic Touch: A Replication and Extension", *Complementary Therapies in Medicine* 1 (1933): 127-32.

20 "...do mesmo modo, a fé religiosa tem relação com uma recuperação pós-cirúrgica mais rápida." Ver a pesquisa de P. Pressman, J. S. Lyons, D. B. Larson, e J. S. Strain. "Religious Belief, Depression, and Ambulation Status in Elderly Women with Broken Hips", *American Journal of Psychiatry* 147 (1990): 758-60; e T. E. Oxman, D. H. Freeman, e E. D. Manheimer, "Lack of Social Participation or Religious Strength or Comfort as Risk Factors for Death after Cardiac Surgery in the Elderly", *Psychosomatic Medicine* 57 (1995): 5/15.

PRIMEIRA PARTE: AS EVIDÊNCIAS

23 "...e as evidências indicam que esta, como os remédios, pode ter efeitos positivos, negativos ou neutros." Ver Larry Dossey, "When Prayer Hurts", *Healing Words: The Power of Prayer and the Practice of Medicine* (San Francisco: HarperSanFrancisco, 1993), 145-58. [*As Palavras Curam — O Poder da Prece e a Prática da Medicina*, publicado pela editora Cultrix, São Paulo, 1996.]

28-30 "Não estamos armando uma arapuca para pegar Deus..." Deborah Rose, "Letters to the Editor", *Home Catacomb 8*, no. 8 (Setembro de 1994), 3-4. Os comentários subseqüentes de Rose também remetem a essa fonte.

31 "Precisamos de um sistema religioso que tenha a ciência como ponto central..." Margaret Mead, citada em "Five Who Care", *Look*, 21 de abril de 1970.

32 "*Examinador*: O que é eletricidade..." John D. Barrow, *The World Within the World* (Nova York: Oxford University Press, 1988), 193.

32 "Não esperamos que as ciências naturais nos propiciem uma compreensão direta da natureza do espírito..." Erwin Schrödinger, "The Spirit of Science", in *Spirit and Nature*, trabalhos do *Eranos Yearbooks*, org. Joseph Campbell, Bollingen Series 30-31 (Princeton: Princeton University Press, 1954), 324-25.

33 "Não é possível haver nenhuma oposição verdadeira entre religião e ciência..." Max Planck, *Where is Science Going?* (1933; reeditada, Woodbridge, CT: Ox Bow Press, 1981), 168-69.

33 "A lista de grandes físicos que assumiram postura semelhante é extensa..." Para consultar uma compilação dessas visões, ver Ken Wilber, *Quantum Questions: The Mystical Writings of the World's Great Physicists* (Boston: Shambhala, 1984).

36 "...em que a oração a distância ou de intercessão produz resultados *sem o conhecimento* do receptor." Ver Larry Dossey, "Prayer and Healing: Reviewing the Research", *Healing Words: The Power of Prayer and the Practice of Medicine** (San Francisco: HarperSanFrancisco, 1993), 169-96. Ver também Daniel J. Benor, *Healing Research* (Munique: Helix Verlag, 1993). Endereço: Windeckstrasse 82, D-81375 Munique, Alemanha.

38 "Num estudo feito pelo cardiologista Randolph Byrd, envolvendo 393 pacientes da unidade de tratamento coronário do Hospital Geral de San Francisco..." Ver Randolph C. Byrd, "Positive Therapeutic Effects of Intercessory Prayer in a Coronary Care Unit Population", *Southern Medical Journal* 81, no. 7 (julho de 1988): 826-29.

38 "Outros estudos compararam a capacidade que as pessoas têm de influenciar os índices de crescimento de organismos numa área próxima..." Ver a pesquisa de J. Barry, "General and Comparative Study of the Psychokinetic Effect on a Fungus Culture", *Journal of Parapshychology* 32 (1968): 237-43; e W. Tedder e M. Monty, "Exploration of Long-distance PK: A Conceptual Replication of the Influence on a Biological System", *Research in Parapsychology* 1980 (1981): 90-93.

40 "O Prêmio Nobel de Física, Brian Josephson, do Laboratório Cavendish da Universidade de Cambridge, sugere que esses fenô-

---

* *As Palavras Curam — O Poder da Prece e a Prática da Medicina*, publicado pela Editora Cultrix, São Paulo, 1996.

menos *quânticos* não-locais podem estar por trás de muitos acontecimentos *humanos*..." Ver B. D. Josephson and Pallikara-Viras, "Biological Utilization of Quantum Nonlocality", *Foundations of Physics* 21 (1933): 197-207.

SEGUNDA PARTE: A CONTROVÉRSIA

45 "Todos os anos, quase dois milhões de pessoas que se internam nos hospitais dos Estados Unidos contraem infecção hospitalar..." Para um exame da doença iatrogênica, ver Jeffrey A. Fisher, *The Plague Makers* (Nova York: Simon & Schuster, 1994), 31.

46 O *Physicians' Desk Reference* — o venerável PDR — é o guia da profissão médica para a prescrição de medicamentos..." *Physicians' Desk Reference*, 49th ed. (Montvale, NJ: Medical Economics Data Production Company, 1995);

46 "As pesquisas têm comprovado reiteradamente que as pessoas que optam por terapias alternativas geralmente são *mais* instruídas..." Ver David J. Hufford, "Cultural and Social Perspectives on Alternative Medicine: Background and Assumptions", *Alternative Therapies* 1, no. 1 (1995): 53-61; B. R. Cassileth, E. J. Lusk, T. B. Strouse, F. J. Bodenheimer, "Contemporary Unorthodox Treatments in Cancer Medicine: A Study of Patients, Treatments, and Practitioners", *Annals of Internal Medicine* 10 (1984): 105-12.

55 "Mais de 130 estudos de laboratório mostram, em geral, que a oração... pode produzir mudanças salutares..." Ver Larry Dossey, "Prayer and Healing: Reviewing the Research", *Healing Words: The Power of Prayer and the Practice of Medicine* (San Francisco: HarperSanFrancisco, 1993), 169-96. Ver também Daniel J. Benor, *Healing Research* 1-2 (Munique: Helix Verlag, 1993). Endereço: Windeckstrasse 82, D-81375 Munique, Alemanha.

55 "Os que conseguem por meio da religião pelo menos certa força e consolo — esperança! — têm chances maiores de sobreviver..." Para o papel da esperança na cura, ver "Faith Heals", *Mental Medicine Update* 4, no. 2 (1995): 1.

55 "Numerosos estudos com seres humanos mostram que podemos morrer em conseqüência de crenças funestas..." Para uma análise da morte como resultado da falta de esperança, ver Larry Dossey. *Meaning & Medicine* (Nova York: Bantam, 1993).

60 "Para complicar ainda mais, temos as evidências ponderáveis de que a oração tanto pode prejudicar quanto curar..." Ver Larry Dossey, "When Prayer Hurts", in *Healing Words* (San Francisco: HarperSanFrancisco, 199), 145-58.

61 "O dr. Anthony Rippo, clínico geral e fundador do Instituto de Medicina e Oração Santa Fé..." O Instituto de Medicina e Oração Santa Fé pode ser contatado no seguinte endereço: 906 Canyon Road, Santa Fe, NM 87501.

61-62 "Alguns anos atrás, o marido de uma amiga, Stephen, teve um acidente de carro quase fatal..." Informação dada ao autor pessoalmente, 20 de junho de 1995. Usada com permissão.

65 "Se eu soubesse que o meu médico estava rezando por mim, eu procuraria outro médico." Annie L. Gaylor, citada por Steve Brewer, "UNM [University of New Mexico] Study on Prayer Raises Ire", *Albuquerque Journal*, 3 de maio de 1995.

67 "Em maio de 1995..." Ver Charles Marwick, "Should Physicians Prescribe Prayer for Health? Spiritual Aspects of Well-Being Considered", *Journal of the American Medical Association* 273, no. 20 (24 de maio de 1995): 1561-62.

68 "Atualmente, mais de 130 estudos científicos que pesquisam os efeitos da oração de intercessão estão sendo realizados..." Para uma análise desses estudos, ver Larry Dossey, *Healing Words: The Power of Prayer and the Practice of Medicine* (San Francisco: HarperSanFrancisco, 1993); ver também Daniel J. Benor, *Healing Research* 1-2 (Munique: Helix Verlag, 1993). Para os 250 estudos sobre a prática religiosa e a saúde, ver Jeffrey S. Levin, "Religion and Health: Is There an Association, Is It Valid and Is It Causal?" *Social Science and Medicine* 38 (1994): 1475-1482. Ver também J. S. Levin e P. L. Schiller, "Is There a Religious Factor in Health?" *Journal of Religion and Health* 267 (1987): 9-36. E ainda o trabalho pioneiro de David B. Larson, M. D. Recomenda-se especialmente sua revisão, junto com Susan S. Larson, da área de religião e saúde, *The Forgotten Factor in Physical and Mental Health: What Does the Research Show?* Existe um módulo de ensino programado que apresenta essas informações e que pode ser obtido junto ao National Institute for Healthcare Research (David B. Larson, M. D., presidente), 6110 Executive Blvd., Suite 680, Rockville, MD 20852.

69 "Se o meu médico rezasse para que eu me recuperasse, eu pensaria em mover uma ação judicial por imperícia." Richard J. Goss, citado por Joseph Pereira, "The Healing Power of Prayer Is Tested by Science", *Wall Street Journal*, 20 de dezembro de 1995.

70 "Numa pesquisa, mais de 75% dos pacientes acharam que o médico devia interessar-se por questões espirituais como parte de sua profissão..." David B. Larson and Mary A. Greenwold Milano, "Are Religion and Spirituality Clinically Relevant?" *Mind/Body Medicine* 1, no. 3 (1995): 147-57. Para uma análise das questões religiosas entre médico e paciente, ver T. A. Maugans e W. C. Wadland, "Religion and Family Medicine: A Survey of Physicians and Patients", *Journal of Family Practice* 31 (1991): 210-13. A atitude dos pacientes internados com relação ao uso da oração por parte dos médicos são estudadas por D. E. King e por B. Bushwick, "Beliefs and Attitudes of Hospital Inpatients about Faith Healing and Prayer", *Journal of Family Practice* 39 (1994): 349-52.

TERCEIRA PARTE: O QUE É A ORAÇÃO?

77 Plutarco, citado em C. L. Sulzberger, *Go Gentle into the Good Night* (Englewoods Cliff, NJ: Prentice-Hall, 1976), 24.

78 "Quando submetida a testes..." Para uma análise das experiências científicas com respeito à oração, ver Larry Dossey, *Healing Words: The Power of Prayer and the Practice of Medicine* (San Francisco: HarperSanFrancisco, 1993).

79 "Esses casos são inexplicáveis..." Para a capacidade da consciência de operar a distância, ver Rupert Sheldrake, *Seven Experiments That Could Change the World* (Nova York: Riverhead, 1995), 33-72.

90 "Nas três últimas décadas, foram feitas muitas experiências com a oração envolvendo pessoas de várias crenças religiosas." Para os resultados desses estudos, ver Deborah Rose, "The Spindrift Story", *Home Catacomb* 9, no. 8 (1995): 8.

91 "Um Mercedes-Benz e uma carteira "bem recheada" são um sinal da graça de Deus?" De "Notes on the Catacomb Wall", *Home Catacomb* 9, no. 2 (1995): 11

91 "Vocês podem realmente dizer a Deus qual deve ser a parte dele no pacto!..." Pregador evangélico da televisão Robert Tilton, citado por Richard N. Ostling, "Heresy on the Airwaves", *Time*, no. 1 (13 de janeiro de 1993): 2.

92 "Deus tira um homem do forno cósmico..." *Stray Light Times*, no. 1 (13 de janeiro de 1993): 2.

92 "Para ter condições de fazer com que seus pedidos sejam atendidos..." Aldous Huxley, *The Perennial Philosophy* (Nova York: Harper & Row, 1944), 220-21.

93 "O homem justo ama a Deus por nada." Meister Eckhart, citado *in*

Raymond B. Blakney, *Meister Eckhart* (Nova York: Harper & Row, 1941), 241.

93-94 "Um jovem de 17 anos sofrera um grave acidente de motocicleta..." Betsy MacGregor, "Health Reform and the Sacred", uma discussão de grupo, *Advances 11*, no 1 (Inverno de 1995): 37-54.

94 "Pedi a Deus força..." "Oração de um Soldado Confederado Desconhecido", *The Oxford Book of Prayer* (Nova York: Oxford University Press, 1985), 119.

95 "daí em diante, só é possível viver feliz..." Margaret Bonanno, "Sunbeams", *The Sun*, no. 198 (maio de 1992): 40.

95 "E alguns, como eu, estão apenas começando a entrever..." Adair Lara, citada in "Sunbeams", *The Sun*, no. 222 (junho de 1994): 40.

QUARTA PARTE: COMO REZAR

100 "A análise da pontuação de cada um dos sujeitos..." E. Haraldsson and T. Thorsteinsson, "Psychokinetic Effects on Yeats: An Exploratory Experiment", *Research in Parapsychology* (Metuchen, NJ: Scarecrow Press, 1973), 20-21.

100 "Nesses testes, como na experiência da Islândia, os profissionais mais experientes obtiveram os resultados mais significativos." Para discussão dessa pesquisa, veja Spindrift, *The Spindrift Papers: Exploring Prayer and Healing Through the Experimental Test* (Lansdale, PA: Spindrift, 1944). Veja também Larry Dossey, "The Spindrift Experiments", *Recovering the Soul* (Nova York: Bantam, 1989), 58-62.

103 "Um menino saía todos os dias..." Walt Whitman, "There Was a Child Went Forth", *A Choice of Whitman's Verse* (Londres: Faber and Faber, 1968), 21.

106 "As evidências desses vários efeitos são abundantes..." Para uma revisão desses estudos, veja Daniel J. Benor, *Healing Research*, vols. 1-2 (Munich: Helix Verlag, 1993); e Larry Dossey, *Healing Words: The Power of Prayer and the Practice of Medicine* (San Francisco: HarperSanFrancisco, 1993).

107 "Os pesquisadores começaram a estudar os benefícios salutares de se ter animais de estimação." A pesquisa realizada pelo dr. Aaron H. Katcher, profa. Ann Ottney Cain, dr. Herbert Benson, Peter R. Messent e Sharon L. Smith é tratada em Joan Arehart-Treichel, "Pets: The Health Benefits", *Science News* 121 (1982): 220-23.

108 "E os animais de estimação, como a oração, salvam vidas." A pesquisa da dra. Erika Friedmann é comentada por Bruce Bower, "Stress Goes to the Dogs", *Science News* 140 (1991): 285.

111-114 Informação pessoal de Hilary Petit, D.V.M., Sacramento, Califórnia, abril de 1995. Usada com permissão.

115 "Muitos cristãos rezam baixinho..." C.S. Lewis, *Letters to Malcolm: Chiefly on Prayer* (Nova York: Harcourt Brace Jovanovich, 1964), 114.

117 "Eu me tranco no meu quarto..." John Donne, citado em "Sunbeams", *The Sun*, no. 228 (dezembro de 1944): 40.

117 "Terá Deus uma forma fixa de oração..." Dorothy Day, citada em "Sunbeams", *The Sun*, no. 233 (março de 1995): 40.

123 "Como disse Richard Foster, Francisco não 'parecia um homem rezando...'" Richard J. Foster, *Prayer: Finding the Heart's True Home* (San Francisco: HarperSanFrancisco, 1992), 117.

124 "Do ponto de vista moral, um método [de oração] não é melhor do que o outro..." Deborah Rose, "The Spindrift Story", *Home Catacomb* 9, no. 8 (novembro de 1995): 7.

124 "As pessoas perguntam: 'Que tipo de oração devo fazer?'..." Deborah Rose, "The Spindrift Story", *Home Catacomb* 9, no. 2 (março de 1995): 11-16.

126 "O reino do céu está dentro..." Michael Toms, *Interviews with Joseph Campbell* (série audiocassete). New Dimensions Radio, 475 Gate Five Road, Suite 206, Sausalito, CA 94966.

126 "De acordo com a lenda, os deuses estavam discutindo sobre qual o melhor lugar para esconder o..." Essa lenda é recontada por James W. Jones, *In the Middle of This Road We Call Our Life* (San Francisco: Harper SanFrancisco, 1944), 24-25.

132 "Eu acho que a coerência divina e humana na oração..." John Polkinghorne, "Can a Scientist Pray?" *Explorations in Science and Technology*, Templeton London Lectures at the RSA (Londres: The Royal Society for the Encouragement of Arts, Manufactures & Commerce. 1993), 17-22.

136-137 "Em dezembro de 1992, recebi um diagnóstico de câncer maligno na bexiga..." Relato resumido de informação pessoal, 1995. Usado com permissão.

137-138 "Meu marido e eu havíamos perdido o emprego..." Relato resumido de informação pessoal, 1995. Usado com permissão.

138 "Ao longo da história humana, sonhos e orações noturnas eram comuns na vida dos sumos sacerdotes..." As orações noturnas estão retornando. Veja *Prayers At 3 A.M.: Poems, Songs, Chants, and*

Prayers for the Middle of the Night, de Phil Cousineau (San Francisco: HarperSanFrancisco, 1995).

143 "O misticismo pode apresentar sérias ameaças à saúde..." Karen Armstrong, *Visions of God* (Nova York: Bantam, 1994), x-xi, 5.

145-146 "Deborah Rose ex-vice presidente da Spindrift, Inc, usa a analogia da oração com tomateiros saudáveis." Veja Deborah Rose, "The Spindrift Story", *Home Catacomb* 9, no. 2 (março de 1995): 11-16. Os comentários de Rose sobre a "força de organização" na oração também pertencem a essa fonte.

148 "Na nossa cozinha, não precisávamos que o leite permanecesse fresco..." Deborah Rose, "The Spindrift Story", *Home Catacomb* 9, no. 9 (dezembro de 1995): 9.

149-154 O capítulo "Oração pelo Milho de Iowa" foi compilado a partir das seguintes fontes: Joyce Vogelman, "Power of Prayer: Congregations Pray for Thousands of Iowa Farmers During Harvest", *Iowa Farmer*, 30 de setembro de 1995; Jean Caspers-Simmet, "Help from High Places? Pastor Inspired Parishioners to Pray at Harvest", *Agri News 40*, no 22 (23 de novembro de 1995); e comunicações pessoais escritas pelo reverendo Karl E. Goodfellow, dezembro de 1995.

152 "Conhecer a nossa vizinhança..." Reverenda Mary K. Green, mensagem para 10 de outubro, *God's Harvest — God's People*, ed. Karl E. Goodfellow (Guttenberg, IA: United Methodist Church, 1996), 5.

153 "Os acidentes acontecem muito rapidamente..." Liz Goodfellow, *God's Harvest — God's People*, ed. Karl E. Goodfellow (Guttenberg, IA: United Methodist Church, 1996), 23

154 "É imensa a quantidade de pedidos que o reverendo Goodfellow recebe..." Pessoas interessadas podem entrar em contato com o revdo. dr. Karl E. Goodfellow pela P.O. Box 706, Guttenberg, IA 52052.

156 "Se Deus tivesse atendido a todas as orações tolas que fiz..." C.S. Lewis, *Letters to Malcolm: Chiefly on Prayer* (Nova York: Harcourt Brace Jovanovich, 1964), 28.

158 "Temos uma indicação disso nos contos populares que falam da 'vingança da Fada Boa',..." Veja a pesquisa de Mary Catherine Bateson sobre esse tema dos contos populares em seu artigo "The revenge of the Good Fairy", *Whole Earth Review*, no. 55 (verão de 1987):34-48.

158 "Lembro-me de um cartum no periódico..." De *Out of Time* (a journal of Endeavor Academy), Lake Delton, WI: Academy Publishing (primeiro quadrimestre, 1993), 5.

161 "Algumas culturas fazem pouca distinção entre maldições e orações negativas..." Veja Larry Dossey, "When Prayer Hurts", *Healing Words: The Power of Prayer and the Practice of Medicine* (San Francisco: HarperSanFrancisco, 1993), 145-58.

162 "A oração pode prejudicar? Alguns grupos religiosos aparentemente acham que sim..." Para um exemplo de grupo religioso em oposição com estudos da oração, veja Theodore Rockwell, "The Bridge of Sighs: Problems of Building a Sci/Psi Bridge", *Home Catacomb* 8, no. 9 (outubro de 1994): 1-3.

162-164 "Nos primeiros anos da década de 1970, eu estava profundamente envolvida com o meu desenvolvimento pessoal..." Comunicação pessoal para o autor, 20 de junho de 1995. Usada com permissão.

166 "Deus nos dá as nozes, mas não as quebra para nós." Citado em *Sunbeams: A Book of Quotations*, ed. Sy Safransky (Berkeley: North Atlantic Books, 1990), 14.

166 "Alimentar os famintos é um ato mais meritório..." citado em "Sunbeams", *The Sun*, no. 237 (setembro de 1995): 40.

167 "A oração não é um substituto..." John Polkinghorne, "Can a Scientist Pray?" *Explorations in Science and Theology*, Templeton London Lectures at the RSA (London: Royal Society for the Encouragement of Arts, Manufactures & Commerce, 1993), 17-22.

167 "Muitas vezes rezo pelos outros quando, de fato, deveria fazer alguma coisa por eles..." C.S. Lewis, *Letters to Malcolm: Chiefly on Prayer* (Nova York: Harcourt Brace Jovanovich, 1964), 66.

167 "A psicóloga Ira Progoff relata um evento da vida de Abraham Lincoln..." Veja Ira Progoff, *Jung, Synchronicity, and Human Destiny* (Nova York: Julian Press, 1973), 170-71.

168 "Não é uma boa pesca para tempos de fartura..." C.S. Lewis, *Letters to Malcolm: Chiefly on Prayer* (New York: Harcourt Brace Jovanovich, 1964), 117.

EPÍLOGO

171 "[A oração] salvou a minha vida..." Mahatma Gandhi, citado *in* Louis Fischer, org., *The Essential Gandhi* (Nova York: Random House, 1962), 309-10.

Leituras complementares

LIVROS E FITAS PRODUZIDOS POR LARRY DOSSEY, M.D.

Healing Words: The Power of Prayer and the Practice of Medicine. San Francisco: HarperSanFrancisco, 1993.

Meaning & Medicine. Nova York: Bantam, 1991.

Recovering the Soul. Nova York: Bantam, 1989. [*Reencontro com a alma*, publicado pela Editora Cultrix, São Paulo, 1992.]

Beyond Illness. Boston: Shambhala, 1982.

Space, Time & Medicine. Boston: Shambhala, 1982. [*Espaço, Tempo e Medicina*, publicado pela Ed. Cultrix, 1998.]

The Power of Prayer: Connecting with the Power of the Universe. Seis audio cassetes. Nightingale Conant, 7300 North Lehigh Avenue, Niles, IL 60714, 800-572-2770.

How to Have a Miracle: Dynamics of Healing. Institute of Noetic Sciences 1993 "Heart of Healing" Conference. Vídeo e fitas cassete disponíveis. Institute of Noetic Sciences, 475 Gate Five Road, Suite 300, Sausalito, CA 94966.

Recovering the Soul: A Scientific and Spiritual Search. Vídeo e fita cassete. Mystic Fire Video, 523 Broadway, Suite 604, Nova York, NY 10012.

Alternative Therapies in Health and Medicine. O dr. Dossey é o editor executivo desse novo periódico da área da medicina complementar/alternativa. Cada edição contém um editorial escrito pelo dr. Dossey. *Alternative Therapies*, P.O. Box 611, Holmes, PA 19043, 800-345-8112.

ORAÇÃO E MEDITAÇÃO

Appleton, George, ed. *The Oxford Book of Prayer*. Nova York: Oxford University Press, 1987;

Armstrong, Karen. *Visions of God*. Nova York: Bantam, 1994.

Benson, Herbert. *Your Maximum Mind*. Nova York: Times Books, 1987.

______. *Beyond the Relaxation Response*. Nova York: Times Books, 1984.

______. *The Relaxation Response*. Nova York: Morrow, 1975.

Benson, Herbert, and Eileen M. Stuart. *The Wellness Book*. Nova York: Birch Lane Press, 1992.

Bloch, Douglas. *I Am with You Always*. Nova York: Bantam, 1992.

______. *Words That Heal*. Nova York: Bantam, 1988.

Cahill, Thomas. *Jesus' Little Instruction Book*. Nova York: Bantam, 1994.

Campbell, Camille. *Meditations with John of the Cross*. Santa Fé: Bear, 1989.

______. *Meditations with Teresa of Avila*. Santa Fé: Bear, 1985.

Castelli, Jim, ed. *How I Pray: People of Different Religions Share with Us That Most Sacred and Intimate Act of Faith*. Nova York: Ballantine, 1994.

Caufield, Sean. *The Experience of Praying*. Nova York: Paulist Press, 1980.

Cousineau, Phil, ed. *Prayers at 3 a.m.: Poems, Songs, Chants, and Prayers for the Middle of the Night*. San Francisco: HarperSanFrancisco, 1995.

Douglas-Klotz, Neil. *Prayers of the Cosmos: Meditations on the Aramaic Words of Jesus*. San Francisco: HarperSanFrancisco, 1990.

Gallagher, Blanche. *Meditations with Teilhard de Chardin*. Santa Fé: Bear, 1988.

Gill, Jean. *Pray As You Can: Discovering Your Own Prayer Ways*. Notre Dame, IL: Ave Maria Press, 1989.

Goleman, Daniel. *The Meditative Mind*. Los Angeles, Tarcher, 1988.

Hanh, Thich Nhat. *A Guide to Walking Meditation*. Nova York: Fellowship Publications, 1985.

______. *The Miracle of Mindfulness: A Manual on Meditation*. Boston: Beacon, 1976.

______. *Peace in Every Step: The Path of Mindfulness in Everyday Life*. Nova York: Bantam, 1976.

Kabat-Zinn, Jon. *Full Catastrophe Living: Using the Wisdom of Your Body and Mind to Face Stress, Pain and Illness*. Nova York: Delacorte Press, 1990.

Kaplan, Aryeh. *Jewish Meditation: A Practical Guide*. Nova York: Schocken, 1985.

Keating, Thomas. *Open Mind, Open Heart: The Contemplative Dimension of the Gospel*. Nova York: Amity House, 1986.

LeShan, Lawrence. *How to Meditate*. Nova York: Bantam, 1974.

Leunig, Michael. *A Common Prayer.* Collins Dove, 1990.
Levy, Joel. *Relaxation, Concentration and Meditation: Ancient Skills for Modern Minds.* London: Wisdom, 1987.
Lewis, C.S. *Letters to Malcolm: Chiefly on Prayer.* Nova York: Harcourt Brace Jovanovich, 1964.
Master Meditations: A Spiritual Daybook. Santa Monica, CA: IBS Press, 1990.
Michael, Chester P., and Marie C. Norissey. *Prayer and Temperament: Different Prayer Forms for Different Personality Types.* Charlottesville, VA: The Open Door, 1984.
Moore, Thomas. *Meditations.* Nova York: HarperCollins, 1994.
______. *Care of the Soul.* Nova York: HarperCollins, 1992.
Nachman, Rabbi. *Restore My Soul.* Jerusalém: Reslov Research Institute, 1980.
Paramananda, Swami. *Book of Daily Thoughts and Prayer.* Cohasset, MA: Vedanta Centre Publishers, 1977.
Prabhavananda, Swami, and Christopher Isherwood, tradução e comentários. *How to Know God: The Yoga Aphorisms of Patanjali.* Nova York: New American Library, 1953.
Roberts, Elizabeth, and Elias Amidon. *Life Prayers.* San Francisco: HarperSanFrancisco, 1996.
______. *Earth Prayers from Around the World.* San Francisco: HarperSanFrancisco, 1991.
Rossman, Martin. *Healing Yourself.* Nova York: Walker, 1987; Nova York: Pocket Books, 1990.
Singer, June. *A Gnostic Book of Hours.* San Francisco: HarperSanFrancisco, 1992.
Sponheim, Paul R., ed. *A Primer on Prayer.* Filadélfia: Fortress Press, 1988.
Steindl-Rast, Brother David. *Gratefulness. The Heart of Prayer.* Nova York: Paulist Press, 1984.
Uhlein, Gabrielle. *Meditations with Hildegard of Bingen.* Santa Fé: Bear, 1983.
Ulanov, Ann, and Barry Ulanov. *Primary Speech: A Psychology of Prayer.* Atlanta: John Knox Press, 1982.
Weil, Simone. *Waiting for God.* Nova York: Harper & Row, 1973.
Weston, Walter. *PrayWell.* Wadsworth, OH: Transitions Press, 1994.

REFERÊNCIAS CIENTÍFICAS SOBRE A ORAÇÃO E A CURA

O livro *Healing Words,* 1993, do dr. Dossey, mencionado acima, contém quase todas as referências científicas relativas às experiências com a oração ou com a cura espiritual.

Além disso, muitas referências científicas podem ser encontradas na seção **Notas** deste livro.

Recomendamos de modo especial as seis referências a seguir:

Benor, Daniel J. *Healing Research*, Vols 1-2. Munique: Helix Verlag, 1993. Os livros de Benor também podem ser encontrados nos Estados Unidos.

Larson, David B. *The Faith Factor — Volume Two: An Annotated Bibliography of Systematic Reviews and Clinical Research on Spiritual Subjects*. National Institute for Healthcare Research, 6110 Executive Blvd., Suite 680, Rockville, MD 20952, 1995.

Larson, David B., and Susan S. Larson. *The Forgotten Factor in Physical and Mental Health: What Does the Research Show? An Independent Study Seminar*. National Institute for Healthcare Research, 6110 Executive Blvd., Suite 680, Rockville, MD 20952, 1995.

Levin, Jeffrey S., ed. *Religion in Aging and Health*. Thousand Oaks, CA: Sage, 1994.

Matthews, Dale, David B. Larson, and Constance Barry. *The Faith Factor: An Annotated Bibliography of Clinical Research on Spiritual Subjects*. National Institute for Healthcare Research, 6110 Executive Blvd., Suite 680, Rockville, MD 20952, 1995.

Murphy, Michael. *The Future of the Body*. Los Angeles: Tarcher, 1992. Essa obra enciclopédica contém centenas de referências científicas. Ela aborda "o que é humanamente possível" e oferece perspectivas úteis e práticas sobre a oração e a cura.

CURA ESPIRITUAL — INFORMAÇÕES SUPLEMENTARES

Eddy, Mary Baker. *Science and Health with Key to the Scriptures*. Boston: First Church of Christ, Scientist, 1934.

Holmes, Ernest. *The Anatomy of Healing Prayer*. The Ernest Holmes Papers, vols. 1 and 2; Compiled by George P. Bendall. Marina del Rey, CA: DeVorss, 1191.

The Home Catacomb. The school newspaper of the Grayhaven School of Christian Science Nursing. Grayhaven School of Christian Science Nursing, P.O. Box 2364, Cape May, NJ 08204.

Kelsey, Morton T. *Psychology, Medicine & Christian Healing*. San Francisco, Harper & Row, 1966.

Kunz, Dora, ed. *Spiritual Aspects of the Healing Arts*. Wheaton, IL: Quest, 1985.

Laskow, Leonard. *Healing With Love*. San Francisco: HarperSanFrancisco, 1992.

LeShan, Lawrence. *The Medium, the Mystic, and the Physicist*. Nova York: Viking, 1966.

Markides, Kyriacos. *Riding with the Lion: In Search of Mystical Christianity*. Nova York: Viking Penguin, 1994. Este é um de uma série de livros fascinantes escritos por Markides sobre Daskalos, um curador cipriota na tradição ortodoxa grega.

McCall, Father Peter, and Maryanne Lacy. *Rise and Be Healed*. Bronx, NY: House of Peace, 1992.

______. *An Invitation to Healing*. Bronx, NY: House of Peace, 1985

Peel, Robert. *Spiritual Healing in a Scientific Age*. San Francisco: Harper & Row, 1987.

Puryer, Meredith Ann. *Healing Through Meditation and Prayer*. Virginia Beach, VA: A.R.E. Press, 1978.

Sanford, John A. *Healing and Wholeness*. Nova York: Paulist Press, 1977.

Shealy, C. Norman, and Caroline M. Myss. *The Creation of Health*. Walpole, NH: Stillpoint, 1988.

Sheikh, Anees A., and Katharina S. Sheikh, eds. *Eastern & Western Approaches to Healing*. Nova York: John Wiley, 1989.

The Spindrift Papers: Exploring Prayer and Healing Through the Experimental Test. Spindrift, Inc: Lansdale, PA, 1993.

Whitmont, Edward C. *The Alchemy of Healing: Psyche and Soma*. Berkeley: North Atlantic, 1993.

CURA INESPERADA OU "MILAGROSA"

Guiley, Rosemary Ellen. *The Miracle of Prayer: True Stories of Blessed Healings*. Nova York: Pocket Books, 1995.

Hirshberg, Caryle, and Marc Ian Barasch. *Remarkable Recovery*. Nova York: Riverhead, 1995.

Lewis, C.S. *Miracles*. Nova York: Macmillan, 1960.

O'Regan, Brendan, and Caryle Hirshberg. *Spontaneous Remission: An Annotated Bibliography*. Sausalito, CA: Institute of Noetic Sciences, 1993.

Rogo, D. Scott. *Miracles*. Nova York: HarperCollins/Aquarian, 1991.

Siegel, Bernie. *Love, Medicine, and Miracles*. Nova York: Harper & Row, 1986.

Thurston, Herbert. *The Physical Phenomena of Mysticism*. Londres: Burns Oates, 1952.

Wakefield, Dan. *Expect a Miracle: The Miraculous Things That Happen to Ordinary People*. Nova York: HarperCollins, 1995.

Weil, Andrew. *Spontaneous Healing*. Nova York: Knopf, 1995.

Wilson, Ian. *Stigmata*. San Francisco: Harper & Row, 1989.

A LIGAÇÃO CORPO-MENTE E O PAPEL DA CONSCIÊNCIA NA SAÚDE

Achterberg, Jeanne, Larry Dossey, James S. Gordon, et al. *Expanding Medical Horizons*. Seção sobre "Mind-Body Interventions." Este importante relatório foi subsidiado pelo Office of Alternative Medicine of the National Institutes of Health. NIH Publication No. 94-066. Washington, DC: U. S. Government Printing Office, 1995. (Pode ser obtido junto ao Superintendent of Documents, P.O. Box 371954, Pittsburgh, PA 15250-7954.)

Benson, Herbert, and Eileen M. Stuart. *The Wellness Book*. Nova York: Birch Lane Press, 1992.

Borysenko, Joan. *Minding the Body, Mending the Mind*. Nova York: Bantam, 1988.

Cousins, Norman. *Head First: The Biology of Hope*. Nova York: Dutton, 1989.

Dienstfrey, Harris. *Where the Mind Meets the Body*. Nova York: HarperCollins, 1991.

Dreher, Henry. *The Immune Power Personality*. Nova York: Dutton, 1995.

Goleman, Daniel, and Joel Gurin, eds. *Mind-Body Medicine: How to Use Your Mind for Better Health*. Nova York: Consumer Reports Books, 1993.

Justice, Blair. *Who Gets Sick: Thinking and Health*. Houston: Peak Press, 1987.

Kane, Jeff. *Be Sick Well*. Oakland, CA: New Harbinger, 1991.

Locke, Steven, and Douglas Colligan. *The Healer Within*. Nova York: Dutton, 1986.

Northrup. Christiane. *Women's Bodies, Women's Wisdom: Creating Physical and Emotional Health and Healing*. Nova York: Bantam, 1994.

Pelletier, Kenneth. *Sound Mind, Sound Body*. Nova York: Simon & Schuster, 1994.

Rossi, Ernest L. *The Psychobiology of Mind-Body Healing*. Nova York: Norton, 1986.

Rossi, Ernest L., and David B. Cheek. *Mind-Body Therapy*. Nova York: Norton, 1988.

A ENFERMAGEM E A CURA

Os enfermeiros e enfermeiras mantiveram vivo o espírito da cura no Ocidente durante séculos. Existem atualmente 2.5 milhões de enfermeiros praticando em nosso país. Listamos a seguir algumas de suas obras, de modo especial as que ressaltam um enfoque do corpo-mente-espírito. Muitas delas são escritas tanto para leigos como para enfermeiros.

Chulay, Marianne, Cathie E. Guzzetta, and Barbara Dossey. *AACN Handbook of Critical Care*. Norwalk, CT: Appleton Lange, no prelo.

Dossey, Barbara, Lynn Keegan, Cathie E. Guzzetta, and Leslie Kolkmeier. *Holistic Nursing: A Handbook for Practice*. Gaithersburg, MD: Aspen, 1995.

Frisch, Noreen Cavan, and Jane Kelly. *Healing Life's Crises: A Guide for Nurses*. Nova York: Delmar, 1996.

Hover-Kramer, Dorothea. *Healing Touch: A Resource for Health Care Professionals*. Nova York: Delmar, 1966.

Keegan, Lynn. *The Nurse as Healer.* Nova York: Delmar, 1994.

Krieger, Dolores. *Accepting Your Power to Heal*. Santa Fé: Bear, 1993.

Macrae, Janet. *Therapeutic Touch: A Practical Guide*. Nova York: Knopf, 1991.

Quinn, Janet F. *Therapeutic Touch: A Home Study Video Course for Family Caregivers*. Nova York: National League for Nursing, 1996. 800-669-9656, ext. 138.

Rew, Lynn. *Awareness in Healing*. Nova York: Delmar, 1996.

Sayre-Adams, Jean, and Steve Wright. *The Theory and Practice of Therapeutic Touch*. Nova York: Churchill Livingstone, 1995.

IMAGÉTICA, RITUAL E CERIMÔNIA

Achterberg, Jeanne. *Imagery in Healing*. Boston: Shambhala, 1985.

Achterberg, Jeanne, Barbara Dossey, and Leslie Kolkmeier. *Rituals of Healing*. Nova York: Bantam, 1994.

Brigham, Deirdre Davis. *Imagery for Getting Well*. Nova York: Norton, 1994.

Cahill, Sedonia, and Joshua Halpern. *Ceremonial Circle*. San Francisco: HarperSanFrancisco, 1992.

Dossey, Barbara M., Lynn Keegan, and Cathie E. Guzzetta. *The Art of Caring*. Série de quatro fitas cassetes. Boulder: Sounds True Audio, 1996. 800-333-9185.

Naparstek, Belleruth. *Staying Well with Guided Imagery*. Nova York: Warner, 1994.

Shames, Karilee Halo. *Creative Imagery in Nursing*. Nova York: Delmar, 1996.

Simonton, O. Carl, and Reid Henson. *The Healing Journey*. Nova York: Bantam, 1994.

Simonton, O. Carl, Stephanie Matthews-Simonton, and James L. Creighton. *Getting Well Again*. Nova York: Bantam, 1992.

ABORDAGENS PSICOLÓGICAS E ESPIRITUAIS DA CURA

Achterberg, Jeanne. *Woman as Healer*. Boston: Shambhala, 1990.

Allen, Pat B. *Art Is a Way of Knowing: A Guide to Self-Knowledge and Spiritual Fulfillment Through Creativity*. Boston: Shambhala, 1995.

Barasch, Marc Ian. *The Healing Path*. Nova York: Tarcher/Putnam, 1993.

Bloomfield, Harold. *The Power of Fire*. Nova York: Rodale Press, 1994.

Borysenko, Joan. *Fire in the Soul*. Nova York: Warner, 1993.

Campbell, Don. *Music and Miracles*. Wheaton, IL: Quest, 1992.

______, org. *Music, Physician for Times to Come*. Wheaton, IL: 1992

Chopra, Deepak. *Quantum Healing*. Nova York: Bantam, 1989.

______. *Creating Health*. Boston: Houghton Mifflin, 1987.

Cortis, Bruno. *Heart and Soul*. Nova York: Villard, 1995.

Curtis, Donald. *Your Thoughts Can Change Your Life*. Nova York: Warner Books, 1996.

______. *Helping Heaven Happen*. York Beach, Maine: Samuel Weiser, 1992.

______. *Human Problems and How do Solve Them*. North Hollywood, CA: Wilshire Book Co., 1974.

Duff, Kat. *The Alchemy of Illness*. Nova York: Pantheon, 1993.

Ellsworth, Robert, and Janet Ellsworth. *How Shall We Love?* Nova York: Putnam, 1996.

Evans, Donald. *Spirituality and Human Nature*. Albany: SUNY Press, 1993.

Frank, Arthur W. *The Wounded Storyteller: Body, Illness, and Ethics*. Chicago: University of Chicago Press, 1995.

______. *At the Will of the Body: Reflections on Illness*. Boston: Houghton Mifflin, 1991.

Gordon, James S. *Manifesto for a New Medicine: Your Guide to Healing*. Reading, MA: Addison-Wesley, 1996.

Grasse, Ray. *The Waking Dream*. Wheaton, IL: Quest, 1996.

Hendricks, Gay, and Kathleen Hendricks. *At the Speed of Life*. Nova York: Bantam, 1993.

Huang, Chungliang Al, and Jerry Lynch. *Thinking Body, Dancing Mind*. Nova York: Bantam, 1992.

Ingerman, Sandra. *Welcome Home: Life After Healing*. San Francisco: HarperSanFrancisco, 1993.

Jensen, Lone. *Gifts of Grace*. Nova York: HarperCollins, 1995.

Jones, James W. *In the Middle of This Road We Call Life*. San Francisco: HarperSanFrancisco, 1994.

Justice, Rita. *Alive and Well*. Houston: Peak Press, 1995.

Kabat-Zinn, Jon. *Wherever You Go, There You Are*. Nova York: Hyperion, 1994.

Lawlis, G. Frank. *Transpersonal Medicine*. Boston: Shambhala, 1996

LeShan, Lawrence. *Cancer as a Turning Point*. Nova York: Dutton, 1989.

Linthorst, Ann. *Soul-Kissed*. Nova York: Crossroad Publishing, 1995.

Luce, Gay Gaer. *Longer Life, More Joy*. North Hollywood, CA: Newcastle, 1992.

Miller, Timothy. *How to Want What You Have*. Nova York: Henry Holt, 1995.

Moss, Richard. *The Second Miracle*. Berkeley: Celestial Arts, 1995

Muller, Wayne. *How, Then, Shall We Live?* Nova York: Bantam, 1995.

Myss, Caroline. *Anatomy of the Spirit*. Nova York: Harmony. 1996.

Nachman, Rabbi. *Outpouring of the Soul*. Jerusalém: Reslov Research Institute, 1980.

Pearsall, Paul. *Making Miracles*. Nova York: Prentice-Hall, 1991.

Remen, Rachel Naomi. *Wounded Healers*. Mill Valley, CA: Wounded Healer Press, 1995.

Sardello, Robert. *Love and the Soul*. Nova York: HarperCollins, 1995.

Small, Jacquelyn. *Embodying Spirit*. Nova York: HarperCollins, 1994

______. *Awakening in Time*. Nova York: Bantam, 1991.

Vaughan, Frances. *The Inward Arc: Healing in Psychotherapy and Spirituality*. Grass Valley, CA: Blue Dolphin, 1995.

______. *Shadows of the Sacred*. Wheaton, IL: Quest, 1995.

Wilber, Ken. *Sex, Ecology, Spirituality*. Boston: Shambhala, 1995.

CURA XAMÂNICA E DOS NATIVOS

Blum, Ralph H. *The Book of Runes*. Nova York: St. Martin's, 1982.

Blum, Ralph H., and Susan Loughan. *The Healing Runes*. Nova York: St. Martin's, 1995.

Cohen, Kenneth S. *Strong As the Mountain, Supple as Water: The Way of Qigong*. Nova York: Ballantine, 1996.

Ingerman, Sandra. *Soul Retrieval: Mending the Fragmented Self*. San Francisco: HarperSanFrancisco, 1991.

Kalweit, Holger. *Shamans, Healers and Medicine Men*. Boston: Shambhala, 1992.

Krippner, Stanley, and Alberto Villoldo. *The Realms of Healing*. Berkeley: Celestial Arts, 1976.

Krippner, Stanley, and Patrick Welch. *Spiritual Dimensions of Healing*. Nova York: Irvington, 1992.

Lawlis, G. Frank. *The Cure: The Hero's Journey with Cancer*, and *The Caregiver's Guide to the Cure*. San Jose: Resource Publications, 1994.

Rinpoche, Sogyal. *The Tibetan Book of Living and Dying*. San Francisco: HarperSanFrancisco, 1992.

Sams, Jamie. *Earth Medicine*. San Francisco: HarperSanFrancisco, 1994.

______. *The Sacred Path Cards* and *The Sacred Path Workbook*. San Francisco: HarperSanFrancisco, 1990 and 1991, resp.
Sams, Jamie, and David Carson. *The Medicine Cards*. Santa Fé: Bear, 1988.
Villoldo, Alberto, and Stanley Krippner. *Healing States*. New York: Simon & Schuster/Fireside, 1987.
Wesselman, Hank. *Spiritwalker*. Nova York: Bantam, 1995.

CIÊNCIA, CONSCIÊNCIA E ESPÍRITO

Abraham, Ralph, Terence McKenna, and Rupert Sheldrake. *Trialogues at the Edge of the West*. Santa Fé: Bear, 1992.
Bohm, David. *Wholeness and the Implicate Order*. Boston: Routledge and Kegan Paul, 1980.
Davies, Paul. *God and the New Physics*. Nova York: Simon & Schuster, 1983.
Friedman, Norman. *Bridging Science and Spirit*. St. Louis: Living Lake Books, 1990.
Goswami, Amit, with Richard E. Reed and Maggie Goswami. *The Self-Aware Universe*. Nova York: Putnam, 1993.
Herbert, Nick. *Elemental Mind*. Nova York: Dutton, 1993.
______. *Quantum Reality*. Nova York: Anchor/Doubleday, 1987.
Jahn, Robert G., ed. *The Role of Consciousness in the Physical World*. AAAS Selected Symposium. Boulder, CO: Westview, 1981.
Jahn, Robert G., and Brenda J. Dunne. *Margins of Reality: The Role of Consciousness in the Physical World*. Nova York: Harcourt Brace Jovanovich, 1987.
Josephson, B.D., and V.S. Ramachandran, eds. *Consciousness and the Physical World*. Nova York: Pergamon, 1980.
Pearce, Joseph Chilton. *Evolution's End*. San Francisco: HarperSanFrancisco, 1992.
Polkinghorne, John. *Science and Creation: The Search for Understanding*. Boston: Shambhala, 1989.
______. *Science and Providente: God's Interaction with the World*. Boston: Shambhala, 1989.
Ravindra, Ravi, ed. *Science and Spirit*. Nova York: Paragon, 1991.
Sheldrake, Rupert. *Seven Experiments that Could Change the World*. Nova York: Riverhead, 1995.
Thompson, Richard L. *Mechanistic and Nonmechanistic Science*. Los Angeles: Bhaktivedanta Book Trust, 1981.
Wolf, Fred Alan. *Taking the Quantum Leap*. Nova York: Harper & Row, 1981.

CULPA E DOENÇA

Borysenko, Joan. *Guilt Is the Teacher, Love Is the Lesson*. Nova York: Warner, 1990.

Kavanaugh, James. *God Lives: From Religious Guilt to Spiritual Freedom*. Highland Park IL: Steven J. Nash, 1993.

Wilber, Ken. *Grace and Grit*. Boston: Shambhala, 1991.

Permissões

Agradeço cordialmente às seguintes pessoas por me permitirem citar suas obras:

Rudolph Barden, Dorothy Martin e Stephanie R. Waugh por trechos de suas correspondências pessoais.

Deborah Rose, ex-vice-presidente da Spindrift, Inc., por várias citações extraídas de *Home Catacomb*, setembro de 1994 e novembro de 1995; e Betsy MacGregor, M.D., e a revista *Advances* por extratos de "Health Reform and the Sacred," Advances 11, nº 1 (inverno de 1995).

Pedido do autor

Minha pesquisa sobre a oração continua. Eu ficaria imensamente satisfeito em receber relatos de leitores dispostos a me confiarem suas experiências. Interessam-me especialmente situações "sem esperança" em que as intervenções médicas convencionais fracassaram, mas para as quais a oração mostrou-se eficaz. Além disso, estou pesquisando quatro áreas tratadas no meu livro *As Palavras Curam*: efeitos negativos da oração, orações envolvendo sonhos, a oração deslocada no tempo e eventos telessomáticos. Favor escrever-me para o seguinte endereço:

Larry Dossey, M.D.
233 N. Guadalupe, #169
Santa Fé, NM 87501

Muito obrigado.

AS PALAVRAS CURAM

O Poder da Prece e a Prática da Medicina

Larry Dossey

Como muitas pessoas que se sentem obrigadas a fazer uma escolha entre o racional e o intuitivo, entre o intelectual e o emocional, entre o analítico e o espiritual, Larry Dossey se diplomou em medicina com a convicção de que a oração era pouco mais que uma superstição. Depois de clinicar durante muitos anos, ficou surpreso ao descobrir a evidência científica do poder de cura da oração. Sua visão de mundo "acadêmica, científica" se transformou e Dossey embarcou numa jornada de dez anos de pesquisa sobre o relacionamento entre a oração e a cura.

As Palavras Curam é um livro provocante, corajoso; é o resultado da busca de Dossey que, ao repensar sua própria vida espiritual, descobriu o que funciona melhor para os pacientes. Citando estudos convincentes e casos clínicos fascinantes, Dossey mostra como a prece complementa, embora não substitua, uma boa medicina. Ele descreve, por meio de experiências de laboratório, como a oração age e como a física moderna pode ser compatível com esse tipo de ação. Dossey investiga ainda quais os métodos de oração que contêm o maior potencial de cura e como o nosso temperamento inato e a nossa personalidade influenciam o estilo das preces. Voltando-se tanto para os pacientes como para os médicos, ele apresenta uma evidência convincente de que a *crença* ou confiança no tratamento aumenta a sua eficácia.

Intuitivo e inspirador, o livro do dr. Larry Dossey defende uma corajosa reintegração entre ciência e espiritualidade.

* * *

Do mesmo autor, a Editora Cultrix publicou *Reencontro com a Alma — Uma Investigação Científica e Espiritual*.

EDITORA CULTRIX